基于"B-S-P"层级的工商管理类本科专业能力培养路径与实践教学体系研究

董 华 ◎ 著

北京理工大学出版社
BEIJING INSTITUTE OF TECHNOLOGY PRESS

内容提要

基于"B-S-P"能力层级的工商管理类专业实践教学体系的建设研究，从工商管理类专业能力需求的社会调查入手，通过研究学生实践能力构成和发展的内在规律性，探寻工商管理类专业实践能力培养的路径和方法。课题将工商管理类专业实践能力培养分为三个层级：基础能力（Basic ability），指学生未来实践中所必须掌握的基本能力；专业技能（Specialized skills），指学生实践中对管理专业知识的应用能力；解决问题的综合能力（Problem-solving comprehensive ability），指学生对专业知识的综合应用能力。在此基础上，进一步明确专业人才的能力结构和实践能力培养的系统目标，形成基于"B-S-P"能力层级的实践教学体系的系统化方案，为学生实践能力的培养搭建体系平台。本书可为高校提升工商管理类本科专业实践教学的综合水平，改进学生综合实践能力的培养效果，优化工商管理类专业人才的培养模式提供一定的参考。

版权专有　侵权必究

图书在版编目（CIP）数据

基于"B-S-P"层级的工商管理类本科专业能力培养路径与实践教学体系研究 / 董华著. —北京：北京理工大学出版社，2018.6
　ISBN 978-7-5682-5718-3

　Ⅰ.①基…　Ⅱ.①董…　Ⅲ.①工商行政管理－教学研究－高等学校　Ⅳ.①F203.9

中国版本图书馆CIP数据核字（2018）第120270号

出版发行 /	北京理工大学出版社有限责任公司
社　　址 /	北京市海淀区中关村南大街 5 号
邮　　编 /	100081
电　　话 /	（010）68914775（总编室）
	（010）82562903（教材售后服务热线）
	（010）68948351（其他图书服务热线）
网　　址 /	http://www.bitpress.com.cn
经　　销 /	全国各地新华书店
印　　刷 /	北京紫瑞利印刷有限公司
开　　本 /	710 毫米 ×1000 毫米　1/16
印　　张 /	13
字　　数 /	259 千字
版　　次 /	2018 年 6 月第 1 版　2018 年 6 月第 1 次印刷
定　　价 /	65.00 元

责任编辑 / 刘永兵
文案编辑 / 刘永兵
责任校对 / 周瑞红
责任印制 / 边心超

图书出现印装质量问题，请拨打售后服务热线，本社负责调换

前 言 Preface

工商管理学起源于美国。宾夕法尼亚大学于1881年创办金融商业学院，设立商业管理学科。19世纪末20世纪初，企业的规模不断扩大，生产经营日趋复杂，先进的管理理论不断涌现，推动了工商管理学科的发展。我国改革开放以来，随着社会主义市场经济的发展，工商管理人才的培养得到重视。20世纪80年代中期以来，各高校陆续开设了工商管理专业，工商管理学科得到快速发展。至2017年，全国已有432所高校开设了工商管理专业，工商管理成为综合性院校普遍开设的专业之一。

工商管理类本科专业包括工商管理、财务管理、市场管理、财务管理、人力资源管理等。本书研究成果针对工商管理大类，但是本书中的调查研究分析是以青岛科技大学工商管理本科专业为主。在第9章，笔者也将这个成果用在了青岛科技大学市场营销、物流管理和财务专业上，进行了该体系的验证。

工商管理是管理学门类中实践性最强、覆盖面最宽的一级学科，虽然与其他相邻一级学科一样，以现代管理理论作为学科的基础理论，但不同的是，工商管理学科与企业管理实践结合得更加密切。然而，多年来工商管理类专业人才的培养始终存在重理论、轻实践的情况，导致毕业生不能适应企业的需求。在目前经济转型的大背景下，一方面社会对工商管理人才存在大量的需求，另一方面工商管理专业毕业生存在就业难、对口就业率低的问题。实践能力差是工商管理专业毕业生结构性失业的主要原因之一。实践教学是提高工商管理专业学生实践能力不可缺少的环节。我国经济的新常态迫切要求教育转型升级，建立新型的立体化、开放式的实践教学体系是教育改革的重要内容。此外，国家发出"大众创业、万众创新"的号召，而实践是形成创新创业源泉的基础，加强实践教学体系建设是实现高校自身发展战略和国家人才战略的重要途径之一。

本书是基于2015年山东省教育厅教学改革研究项目"基于'B-S-P'能力层级的工商管理类本科专业实践教学体系建设研究"（2015M085）的研究成果。自2014年3月至2017年3月三年期间，课题组分别进行了9次调查，获得了大量一手数据和资料，包括：①高校工商管理专业人才培养情况的调查（2014年3月、4月）；②工商管理专业本科生素质需求的企业调查（2014年4月、5月）；③工商管理专业素质需求的校友调查（2014年5月、6月）；④工商管理专业素质需求的学生调查（2014年5月、6月）；

⑤工商管理类专业人才实践能力培养的社会需求与满意度调查（2015年5月、6月）；⑥工商管理专业实践教学质量的调查（2015年5月、6月）；⑦工商管理类专业毕业生实践能力的就业状况调查与评价（2016年5月、6月）；⑧全国高校工商管理专业招生总体情况的调查（2017年1月）；⑨ 工商管理专业在校学生实践能力培养状况的调查（2017年2月至3月）。

  课题组通过广泛调查，旨在深入了解工商管理类专业毕业生的社会评价，掌握工商管理类专业学生实践能力的社会需求。在此基础上，课题系统分析工商管理类专业学生实践能力的构成和发展的规律性，按"B-S-P"能力层级的发展对工商管理类专业实践能力的培养目标进行系统层次分解，建立实践能力培养的评价指标体系，在此基础上细化分解技能模块，面向技能模块进行实践项目的模块化开发与集成优化，建立了基于"B-S-P"能力层级工商管理类专业实践教学质量评价体系和以"制度建设""师资培养""资源整合"为保障措施的支撑平台。相关研究成果在青岛科技大学工商管理、财务管理、市场营销、物流管理专业进行了初步应用与实践，取得了较好的效果，于2018年1月获得山东省教学改革成果二等奖。

  本书由青岛科技大学经管学院董华执笔统稿。2016级研究生高裕、2011级本科生刘丽丽，2012级本科生吕惠中，2014级本科生黄依玲、孙伟琦、张栋梁，2015级本科生戚焕洁参与了第2章到第7章的调查与数据统计分析以及部分内容的撰写。课题组成员邓玉勇、曲秋霞、田莉杰、王玉英、吴成峰、张志耀撰写第9章。本书撰写过程中得到青岛科技大学教学处和相关高校老师们的大力支持，在此深表感谢。

  由于笔者水平有限，书中难免存在不足之处，殷切期望有关专家和广大读者批评指正。

董　华

目 录 Contents

第1章 绪论 ··· 1
    1.1 问题的提出 ·· 1
    1.2 研究的意义 ·· 2
    1.3 工商管理类专业人才实践能力培养的国内外
        研究现状 ·· 3
    1.4 研究目标与研究内容 ······································ 6
    1.5 改革方案设计和解决问题的方法 ······················· 8
    1.6 创新点和主要成果 ·· 10

**第2章 全国高校工商管理专业招生总体
情况的调查分析** ··· 11
    2.1 调查目的 ·· 11
    2.2 全国工商管理专业招生分布情况 ······················ 11
    2.3 山东省工商管理专业招生分布情况 ·················· 15

**第3章 工商管理专业人才实践能力培养的
社会需求调查与分析评价** ······························· 18
    3.1 研究方案设计 ·· 18
    3.2 工商管理专业毕业生实践能力、就业状况
        与满意度的调查与评价 ································· 19
    3.3 工商管理专业人才实践能力培养的社会需求
        与满意度调查与评价 ···································· 44
    3.4 社会需求与能力培养的对比分析 ······················ 63

第4章 工商管理专业本科生实践能力培养：
    在校师生的调查与分析评价 ········· 66
  4.1 工商管理专业在校学生实践能力培养状况的
      调查与分析评价 ························· 66
  4.2 关于工商管理专业学生实践能力培养的教师
      调查与分析评价 ························· 88
  4.3 工商管理专业实践教学培养体系的不足
      分析 ····································· 101

第5章 基于"B-S-P"层级的工商管理专业实践
    能力体系的构成与培养路径分析 ········· 103
  5.1 工商管理专业"B-S-P"能力层级的系统
      构成与要素分析 ························· 103
  5.2 基础能力（B）的发展规律与培养路径分析 ····· 105
  5.3 专业技能（S）的发展规律与培养路径分析 ····· 106
  5.4 解决问题的综合能力（P）的发展规律与
      培养路径分析 ··························· 106

第6章 基于"B-S-P"能力层级的工商管理专业
    实践教学质量综合评价体系 ············· 108
  6.1 "B-S-P"能力层级工商管理专业实践教学
      过程评价体系 ··························· 108

6.2 "B-S-P"能力层级工商管理专业实践教学内容评价体系 ………… 110

6.3 "B-S-P"能力层级工商管理专业实践教学效果评价体系 ………… 112

6.4 实践教学体系的综合评价方法 …………… 113

第7章 青岛科技大学工商管理专业实践教学质量的调查分析与综合评价 …………… 115

7.1 研究方案设计 …………… 115

7.2 数据的处理 …………… 116

7.3 青岛科技大学工商管理专业实践教学体系的改进措施 …………… 128

第8章 基于"B-S-P"能力层级工商管理专业实践教学体系的优化设计与改革建设 …………… 132

8.1 "B-S-P"能力层级的培养路径对实践教学体系建设的要求 …………… 132

8.2 基于"B-S-P"能力层级的工商管理专业实践教学培养目标体系分析 …………… 134

8.3 基于"B-S-P"能力层级的实践教学体系模块化设计与开发 …………… 137

8.4 基于"B-S-P"能力层级实践教学体系建设的保障措施 …………… 140

第9章　基于"B-S-P"能力层级的工商管理类其他专业实践教学体系建设 ················ 143

 9.1　基于"B-S-P"能力层级的市场营销专业实践教学体系建设 ················ 143

 9.2　基于"B-S-P"能力层级财务管理专业实践教学体系建设 ················ 150

 9.3　基于"B-S-P"能力层级的物流管理专业实践教学体系建设 ················ 155

附录 ················ 160

 附录1：青岛科技大学工商管理专业毕业生实践能力与就业状况调查问卷 ················ 160

 附录2：工商管理专业人才需求状况调查问卷 ················ 168

 附录3：工商管理专业应届毕业生实践能力培养问卷调查 ················ 176

 附录4：教师调查问卷 ················ 182

 附录5：校友调查问卷 ················ 184

 附录6：学生调查问卷 ················ 186

 附录7：调查企业一览表 ················ 189

参考文献 ················ 196

第1章 绪 论

1.1 问题的提出

近年来,随着经济全球化与互联网技术的不断发展,世界在经济、文化、科学等领域发生了翻天覆地的变化,人才越来越成为提升企业竞争力的决定性要素。工商管理类专业的人才作为适应经济管理第一线需要的高级应用型专门人才,在企业发展中占有重要地位,而管理的科学性、艺术性、系统化趋势的要求,使得许多缺乏现代管理理念指导的中国传统企业对工商管理类专业人才的需求持续升温。然而我国目前重理论轻实践的人才培养模式使得工商管理类专业学生普遍存在应用和实践能力差的特点,与社会需求不能实现良好对接,导致专业人才的就业出现问题。

实践教学体系是高等学校为培养应用型人才、配合理论教学而设置的为学生提供各种实践训练、保证学生掌握一定职业技能的一系列要素的统一体。因此,实践教学在人才培养中占有重要地位。我国高校工商管理类专业经过30多年的发展已日趋成熟,成为综合院校必设的专业。截至2017年,全国已有432所高校开设了工商管理类本科专业。[①] 随着社会对工商管理类专业毕业生需求的迅速增长,为了实现以社会需求为导向的人才培养目标,培养高素质的应用型人才,加强实践教学在目前工商管理类专业的教育中已基本上成为共识。然而,在我国目前的教育体制中,工商管理类专业实践教学主体地位并不突出,理论教学占据主要地位,学生的专业技能无法获得有效训练,不能培育出适合社会需求的人才。专业实践教学环节薄弱,已成为影响人才培养质量的瓶颈,加强实践教学体系的建设与改革是工商管理类专业人才培养中亟须研究解决的问题。对此,必须改变轻视实践教学的理念,强化实践教学的地位,打破实践教学环节薄弱、教学体系不健全的瓶颈,进而培养出真正能够满足社会需求,适应经济管理第一线需要的高级应用人才。

---

① 数据来源:中国科教评价网。

1.2 研究的意义

1.2.1 理论意义

我国目前重理论轻实践的人才培养模式正面临着严峻挑战，培养复合型人才和应用型人才的社会需求向现行的高等教育体制提出了迫切的改革要求。相较于发达国家来说，工商管理类专业教育在我国不过30余年的发展历程，至今尚未形成系统科学的专业教学模式。工商管理类专业的显著特点在于其有很强的应用性和实践性，忽视实践教学较之其他专业后果更为严重。当前社会普遍反映工商管理类专业的大学毕业生实践应用能力较差，从一个方面说明了工商管理类专业的实践教学的确存在着较大问题。

工商管理类专业实践教学的改革必须首先转变教育思想和教育观念，以培养"厚基础、宽口径、强能力"的高素质、创新型复合人才为指导思想，以学生为主体，逐步实现由专业对口教育向基本素质教育、由知识传授为主向能力培养为主、由重视知识理论的系统性向倡导实践应用的综合性转变，最终达到培养社会所需的工商管理人才的目标。因此，课题研究提出面向社会需求构建"B-S-P"能力层级的工商管理专业实践教学体系，对工商管理专业人才实践能力培养路径进行研究，对我国培养符合企业需求的复合型人才和应用型人才的实践教学体系具有重大意义。

1.2.2 实践意义

目前，高等学校工商管理类专业的教学模式大多以理论教学为主，以实践教学为辅，且实践教学的课程设置不连贯、与实际的结合程度不高、能力提升的针对性不强、学习效果不明显，导致学生对实践教学的理解不到位，能力得不到很好提升，造成实践教学往往流于形式，达不到真正的教学目的。

应用实践能力是工商管理类专业人才培养的核心目标，工商管理类专业应设计面向学生能力的培养方案，实践教学体系则是培养学生能力的主渠道。实践教学体系的改革与建设是一项系统工程，关键是做好系统规划，特别是根据学生培养的能力层次结构和能力发展规律，探索能力培养的路径，以创新实践为导向，全面系统地设计实践教学的计划、方案、教学模式和建立实验教学平台等，从而实现实践教学体系的整合与优化。课题通过对"B-S-P"能力层级的发展规律的探寻，对工商管理类专业人才实践能力培养路径进行研究，实现工商管理类专业实践教学体系的系统化，有助于补充和完善我国工商管理类专业实践教学体系相关理论知识，对我国高校本科工商管理类专业的实践教学体系建设改革，提高工商管理类专业人才的就业率具有重要的意义。

1.3 工商管理类专业人才实践能力培养的国内外研究现状

1.3.1 工商管理类专业人才知识与能力培养研究

徐侠等人(2009)从基本能力、业务能力及职业素养三个方面对工商管理类专业毕业生状况做了调查[4]。胡健、李显寅(2010)指出，工商管理类专业是与社会经济发展联系十分紧密的应用性学科。工商管理类专业大学生在学习期间应注意提高、完善和储备以下四个方面的知识与技能：为人处世的知识和技能；系统基础知识；专业基础知识；专业知识。工商管理类本科人才应具备的专业技能包括基本专业技能和综合专业技能。江文奇在《工商管理类本科生创新能力的培养途径》中从本科生创新能力的内涵、现状和培养途径方面研究了创新能力对工商管理类专业学生的重要作用[10]。张余华在《工商管理类本科专业实践教学体系的构建和实践》中指出，工商管理类专业人才除掌握管理理论，还要熟悉各行业，熟练计算机知识，具备人文素养[11]。钱丽和肖仁桥(2012)将工商管理类专业人才的实践能力划分为基础能力、专业实践能力、社会实践能力、创新和创业能力四种[12]。吴安平和邢鹤(2013)将工商管理类专业学生能力层次划分为基础实践能力、专业实践能力、综合实践能力和创业创新实践能力四部分[13]。褚衍昌(2012)提出了工商管理类专业实践教学体系中的基本认知能力、专项运作能力、综合运作能力、行业应用能力的实验目标[14]。西安交大的李乐山教授的团队对200多个企业进行调查总结出大学毕业生的60项素质，包括交流能力、创新能力、领导力、实践能力、合作能力等。宋安玲和王小青(2013)明确提出了从核心能力、业务能力和发展能力三个层次构造工商管理类专业学生职业能力体系[15]。

1.3.2 工商管理类专业人才培养模式与实践教学体系的改革研究

陈军等人(2013)认为，应用型工商管理类专业教学体系运用案例教学、职场训练等途径可提高学生的职业能力[1]。宋安玲等人(2013)提出，首先要确定工商管理专业就业岗位，然后以就业为目标建立以适应岗位能力为中心的工商管理类专业职业能力培养体系，并指出从三个方面构建工商管理类专业职业能力的思路，即培养目标、理论课程和实践课程[2]。骆公志(2012)提出，影响工商管理类专业本科毕业生就业的关键因素是应用能力，所以工商管理类专业本科教学改革的重点是如何培养学生的应用能力，并从培养目标、实践教学、课程体系、师资队伍四个方面探讨了当前高校工商管理类专业本科教学改革[3]。

徐永其等人(2011)结合应用型本科院校办学层次的特点，以淮海工学院人才培养实践为例，阐述了基于校企合作的"1+1"人才培养模式的含义与特色，提出对于实践性较强的课程，采取"1+1"的教学模式，即一门课程由两位教师授课，其中前一个"1"是负责讲授课程的基本理论与基本知识的理论型教师，后一个"1"是从企业或其他实际工作部门聘请的实践型教师，讲授课程的应用技能以及解决实际工作问题等[5]。丁永波等人(2011)构建了以创业教育为中心的工商管理类专业实践教学体系，即课内与课外一体化的拓展创业教育实践教学体系，提出了创业教育实践教学体系的改善措施[6]。褚衍昌(2012)结合对民航企事业单位的调研结果，对现行工商管理类专业实践教学体系进行了优化，构建了"三层次"(基础层次、提高层次、综合层次)和"四模块"(基本实验模块、专业技能训练和综合实训模块、专业实习模块、社会认知实践模块)的实践教学体系。云南大学工商管理系以培养 21 世纪"宽口径、厚基础、复合型"的工商管理人才为目标，创立了"全过程，连锁式"实践教学模式，将实践教学划分为"感性——知性——理性——验证(实践)"四个阶段，每个阶段设置不同的教学目标[7]。孙玉娟等人(2012)指出，要合理开展实践和实训活动，打破过去单纯以传授理论知识为主的教学模式，构建以就业为导向的实践教学体系[8]。董治国(2011)指出，工商管理类专业实践教学模式应努力发掘培养创新能力的因素，以能力培养为基准构建工商管理实践课程的内容体系，循序渐进地安排各个实践环节[9]。

1.3.3 工商管理类专业实践教学评价研究

张旭辉等人(2006)将工商管理类专业的实践教学环节从四个方面，即实验教学、实习教学、毕业论文教学和其他实践教学形式进行评价，并设计了各方面的评价指标体系[16]。董治国(2011)指出，建立科学的实践教学评价体系，一是要建立科学合理的学生考核体系，二是要建立一套科学合理的教师评价体系，必要时应量身定制实践课程评价体系[17]。费畅(2013)指出，工商管理实践教学质量评价体系包括实验教学质量评价体系、实习教学质量评价体系、毕业设计质量评价体系、其他实践教学模式教学质量的评价[18]。吴安平等人(2011)指出，工商管理类专业实践教学体系的主要构建依据有三个，一是人才培养目标和规格；二是专业能力和素质构成；三是学校的实践教学规程[19]。

1.3.4 现有研究的不足

(1)关于工商管理类专业实践教学体系改革的研究方兴未艾。然而各学校或学者提出的模式虽有各自的特色和创新点，但缺乏系统化的设计与开发，造成目前实践教学体系的随意性和盲目性，实践教学体系不能系统化地有效运行，这势必影响实践教学体系可持续改进。

(2)目前的研究较多集中于提高工商管理类专业学生的能力、促进就业，而较少将学生的能力培养与企业实际需求进行对接，当前所提出的模式较少将学生的能力培养与实践教学体系的建设改革直接联系在一起，这造成了实践教学体系的随意性和盲目性,达不到实践教学改革的根本目的。

(3)当前实践教学体系改革研究都强调面向就业,注重应用能力和创新能力的培养,但由于对工商管理类专业学生能力素质的社会需求缺乏深入的调查和评价,因而对学生能力素质构成要素缺乏清晰的认知,导致了培养目标的不系统和不明确;同时由于缺少对学生能力发展规律的深入研究,也给学生能力培养路径的优化选择带来了很大的困难。

1.3.5 课题的研究重点

本课题认为,工商管理类专业学生实践教学体系的改革必须面向学生能力的培养,而学生能力的培养不能脱离社会需求,培养模式设计必须充分考虑学生能力发展的层次性和路径规律,只有这样才能保证工商管理类专业实践教学体系改革的实效。本课题认为,要注重学生能力培养和发展的递进性和层次性,将工商管理类专业学生实践能力培养分为三个层级(见图1-1):基础能力(Basic ability)、专业技能(Specialized skills)、解决问题的综合能力(Problem-solving comprehensive ability)。其中基础能力(B)是学生未来实践中所必须掌握的基本能力,如写作、沟通、计算机工具的运用等;专业技能(S)是学生实践中对管理专业领域知识的应用能力,如财务、人力资源、市场营销、生产管理、项目管理等专业知识的应用;解决问题的综合能力(P)则是学生对各领域知识的综合应用能力,如学生创业、创新、系统思考和战略分析的能力。

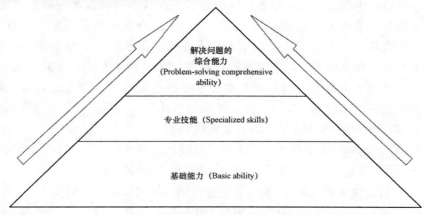

图 1-1 工商管理类专业学生实践能力培养三层级

本课题将从专业学生实践能力的社会需求调查入手,重点探索工商管理类专业学生三个能力层级的构成和发展规律,并根据能力的构成和发展规律确定学生能力的最优培养路径,在此基础上,进行实践教学体系与方案优化设计与改革建设。

1.4 研究目标与研究内容

1.4.1 研究目标

基于"B-S-P"能力层级的工商管理类专业实践教学体系的建设研究的总体目标在于搭建工商管理理论与实践的桥梁，从社会需求出发，通过研究掌握学生实践能力构成和发展的内在规律，探寻工商管理类专业实践能力培养的路径和方法，明确实践能力培养的系统目标，形成基于能力培养的实践教学体系建设的系统化方案，为学生实践能力的培养搭建体系平台。最终从根本上改善学校工商管理类专业的实践教学环境，改进学生综合能力和实践技能培养的实际效果，优化工商管理类专业的人才培养模式，全面提升学校工商管理类专业实践教学的综合水平，实现培养社会需求的工商管理复合型人才的目标。

1.4.2 研究内容与框架

1. 工商管理类专业人才社会实践能力的社会需求调查与分析评价

在经济全球化不断深化的背景下，企业为了能在复杂的竞争环境中取胜，对工商管理类专业人才提出了更高的能力要求，工商管理类专业实践教学体系的建设与改革应该在围绕专业人才培养目标的前提下进行学科的发展与社会需求调研，了解工商管理类专业发展现状、人才结构现状、社会需求现状、生源特点等。通过调研，可以从宏观上把握社会对本专业人才的需求和能力要求，在此基础上找到现有实践教学体系的不足，确定实践体系的设计思路及专门化方向。通过调查，明确当前新形势下企业对工商管理类专业学生能力素质的新型要求，对于明确工商管理类专业的培养目标，进一步改革实践教学体系意义重大。

(1)工商管理类专业人才培养的社会需求调查。
(2)工商管理类专业毕业生实践能力与就业状况调查。
(3)工商管理类专业实践教学体系的现状与不足分析。

2. 工商管理类专业"B-S-P"能力层级的系统分析与培养路径研究

工商管理类专业实践教学体系建设应面向学生的能力培养，应遵循专业学生能力发展的路径与基本规律，在工商管理类专业本科生能力需求的调查分析与研究的基础上，进一步对专业学生能力培养的目标、能力结构的层级体系及构成要素进行系统分析，明确学生基础能力(Basic ability)、专业技能(Specialized skills)、解决问题的综合能力(Problem-solving comprehensive ability)三个递进能力层级的培养路径，为实现工商管理类专业实践教学体系的分层次系统培养提供理论基础和依据。

(1)工商管理类专业"B-S-P"能力层级的系统构成与要素分析。
(2)基础能力(B)构成要素与培养路径分析。
(3)专业技能(S)构成要素与培养路径分析。
(4)解决问题的综合能力(P)构成要素与培养路径分析。

3. 基于"B-S-P"能力层级工商管理类专业实践教学体系的设计与构建

在明确工商管理类专业"B-S-P"能力层级构成的基础上,明确工商管理类专业实践教学目标体系包括基础能力(B)训练层,专业技能(S)综合实训层,解决问题的综合能力(P)培养层。针对三大培养层目标设计技能培养的基础模块,在此基础上开发模块化的实验、实训项目。鉴于资源的共享与建设的需要,将"一个平台,多层应用,面向能力,模块集成"的理念引入"B-S-P"能力层级工商管理类专业实践教学支撑平台一体化整体解决方案,以展现出一流的整体效果,最大化地发挥现有资源的内在价值,并兼顾支撑平台未来的拓展运用与升级改造。

(1)工商管理类本科专业学生实践能力培养的"B-S-P"三层级模型。
(2)"B-S-P"能力层级的培养路径对实践教学体系建设的要求。
(3)基于"B-S-P"能力层级实践教学能力培养目标体系。
①基础能力训练层目标分析。
②专业技能综合实训层目标分析。
③解决问题的综合能力培养层目标分析。
(4)基于"B-S-P"能力层级实践教学体系模块化设计与开发。
①基础能力训练层技能模块设计与模块化实践项目开发。
②专业技能综合实训层技能模块设计与模块化实践项目开发。
③解决问题的综合能力培养层技能模块设计与模块化实践项目开发。
(5)基于"B-S-P"能力层级实践教学支撑平台整体解决方案。

4. 基于"B-S-P"能力层级工商管理类专业实践教学的质量综合评价体系

基于"B-S-P"能力层级工商管理类专业实践教学体系的建设是一个不断优化的过程,离不开对实践教学质量的评价与反馈。实践教学的质量综合评价体系是基于"B-S-P"能力层级工商管理类专业实践教学体系的重要组成部分。只有通过对实践教学的质量进行全面评价才能了解工商管理学科实践教学对专业学生"B-S-P"能力层级的培养效果,及时反馈实践教学中的各种信息和问题,有针对性地采取合理措施,不断对实践教学体系进行优化,实现实践教学效果的持续改进。本研究实践教学的质量综合评价体系的设计将围绕工商管理类专业"B-S-P"能力层级目标展开。

(1)基于"B-S-P"能力层级实践教学的质量综合评价指标体系设计。
(2)基于"B-S-P"能力层级实践教学的质量综合评价方法。
(3)工商管理类专业实践教学质量的调查分析与综合评价。
(4)工商管理类专业实践教学质量的反馈、控制与持续改进。

5. 基于"B-S-P"能力层级工商管理类专业实践教学体系建设与改革的保障措施

保障基于"B-S-P"能力层级工商管理类专业实践教学体系建设与改革方案的顺利实施，必须加强软硬件环境建设。其中，制度建设是重要的保障，师资培养是前提，软硬件资源的系统集成与优化是基础。

(1)基于"B-S-P"能力层级实践教学体系建设的制度建设与保障。

(2)基于"B-S-P"能力层级实践教学体系建设的师资培养策略。

(3)基于"B-S-P"能力层级实践教学体系建设的软硬件资源系统集成与优化。

1.4.3 拟解决的关键问题

(1)解决工商管理类专业学生实践能力和社会需求脱节的问题，必须针对企业和有关单位展开广泛的调查研究，以了解工商管理类专业毕业生的社会评价，掌握工商管理类专业学生实践能力的社会需求究竟是怎样的，明确培养的在校学生实践能力与社会需求的差距所在，找到现有实践教学体系存在的不足，才能制定有针对性的培养方案和改进措施。

(2)工商管理类专业实践教学体系的构建关键是要保证体系设计的系统性和科学性。科学性要求实践教学体系的构建必须有一定的理论基础和依据，因此要研究学生实践能力构成和发展的规律性，根据学生能力构成和发展的规律性探寻实践能力培养的路径和方法，才具有更高的可行性和科学性。工商管理类专业实践教学要明确能力培养的系统目标，实践课程和实训项目的设置要注意学生能力发展循序渐进的层次性和能力培养的针对性。如基础能力(B)、专业技能(S)、解决问题的综合能力(P)都包括哪些能力要素，分别可以在什么时间开设哪些面向不同能力培养的实践课程。各个实践课程和实训项目相互衔接，层层递进，以保证学生实践能力培养系统目标的有效实现是工商管理类专业实践教学体系成功建设的关键。

(3)保证工商管理类专业实践教学体系的实施效果必须有实践教学效果的评价和反馈体系。如何按"B-S-P"能力层级的发展对工商管理类专业实践能力的培养目标进行系统层次分解，建立实践教学效果的评价指标体系，也是实践教学体系建设要解决的关键问题。

1.5 改革方案设计和解决问题的方法

1.5.1 改革方案设计

从工商管理类专业能力需求的社会调查入手，明确企业对专业人才的能力要求,明确专业人才的能力结构,以及能力发展的层级体系和培养路径。以"B-S-P"能力层级作为工商管理类实践教学体系的培养层次目标,在此基础上细化分解技能模块,面向技能模块进行实践项目的模块化开发与集成优化。保证实践教学体系的建设和改革必须建立以"制度建设""师资培养""资源整合"为保障措施的支撑平台。最后还应建立实践教学质量评价体系,不断对实践教学的效果进行评价反馈,实现实践教学效果的有效管控和持续改进。技术路线见图1-2。

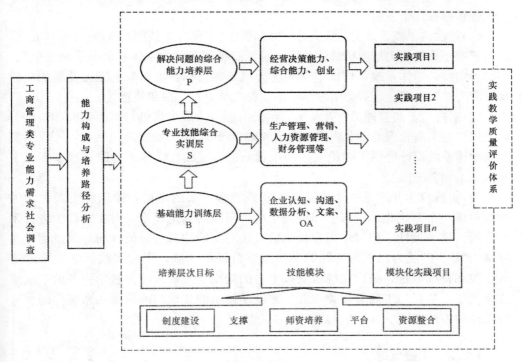

图1-2 技术路线

1.5.2 解决问题的方法

(1)调查研究法。利用调查研究法对工商管理类专业人才实践能力需求展开社会调查,对调查数据进行科学的统计分析,确定影响实践能力的主要因素。

(2)系统分析法。基于能力层级对工商管理类实践教学体系进行系统分析,明确学生实践能力培养的目标体系,根据目标体系进行实践教学方案的系统设计与优化,在系统原则的指导下,进行模块化实验项目的分解、设计与开发。

(3)综合评价法。工商管理类实践教学质量受多种因素的影响,利用综合评价法对工商管理类实践教学质量进行评价反馈,了解整体水平和主要的影响因素,从而有针对性地提出改进教学质量的对策措施。

1.6 创新点和主要成果

1.6.1 创新点

创新点有三个方面：

(1)首次从工商管理类专业人才"B(基础能力)-S(专业技能)-P(解决问题的综合能力)"三个递进能力培养层级的角度，对工商管理实践教学体系展开系统性研究，明确了实践教学体系改革应面向学生能力培养的目标，根据学生能力发展的规律探索能力培养的路径，避免了教学体系建设改革的盲目性和随意性。

(2)通过对工商管理类专业学生三层级的能力构成要素进行调查研究和系统分析，建立起工商管理类专业实践能力培养的"B-S-P"能力层级理论模型，不仅为实践教学体系的设计提供了理论支撑和依据，也为实践教学体系的建设改革提供了基本思路和基础框架。

(3)实践教学并不是一个个简单的实践教学环节的堆砌，课题将实践教学的改革看成一个系统化的过程。课题基于能力层级的理论模型，对实践教学进行系统分析与系统设计，同时应用模块化的方法对实践项目进行设计与开发，通过建立基于"B-S-P"能力培养的实践教学质量综合评价体系，实现实践教学效果的有效管控和持续改进，最后在综合支撑平台的基础上实现软硬件教学资源的系统集成和优化，从而为工商管理类专业实践教学体系的建设与改革提供系统化的、可操作性的方法工具。

1.6.2 主要成果

课题将在明确工商管理类专业人才能力培养的社会需求的基础上，为工商管理类专业的实践教学体系的改革建设提供一套系统的、完整的解决方案，包括：

(1)工商管理类专业实践教学"B-S-P"能力培养目标体系。
(2)面向能力培养目标的模块化实训项目和实验课程体系。
(3)工商管理类专业实践教学质量管控和综合评价体系。
(4)实践教学软硬件集成的系统化平台。

基于"B-S-P"能力层级工商管理类专业实践教学体系建设改革系统化方案的实施，将从根本上改善学校工商管理类专业的实践教学环境，改善学生综合能力和实践技能培养的实际效果，全面提升学校工商管理类专业实践教学的综合水平。

第 2 章 全国高校工商管理专业招生总体情况的调查分析

2.1 调查目的

本次调查旨在了解全国工商管理专业的招生情况、生源情况和地域分布。本次调查开始于 2017 年 1 月 19 日，历时一个月，通过互联网收集了全国包括 31 个省、市、自治区开设工商管理专业的近 500 所本科院校的相关数据，按华东、华北、中南、西北、东北、西南六个地区划分。

(1)调查目的。本次调查旨在了解全国工商管理专业招生的总体情况，省、市、自治区和地区的分布情况和差异，为学校制订和调整招生计划提供参考。

(2)调查对象。本次调查对象为全国近 500 所开设工商管理专业的本科院校。

(3)调查内容。

①全国各省、市、自治区工商管理专业招生情况；

②全国工商管理专业学生生源情况；

③华东地区工商管理专业招生情况；

④山东省工商管理专业招生情况。

2.2 全国工商管理专业招生分布情况

(1)全国工商管理专业招生人数。图 2-1 显示 2016 年全国除特别行政区和台湾省外的 31 个省、市、自治区工商管理专业的招生人数。2016 年全国工商管理专业计划招生的总人数为 47 733 人，其中，招生人数较多的省份依次为：江苏 3 545 人、广东 3 230 人、湖北 3 117 人、黑龙江 2 734 人；招生人数较少的包括几个偏远地区，例如：新疆 520 人、宁夏 421 人、内蒙古 323 人、青海 141 人、西藏 65 人。江苏、广东、湖北、黑龙江、浙江省工商管理专业的招生人数排在前 5 位。江苏、广东、浙江的经济比较发达，高校数量也多，对工商管理专业的需求大。黑龙江、湖北相对于山东、浙江来说，经济并不强，企业数量也少，招生人数多和高校数量以及专业设置有关。

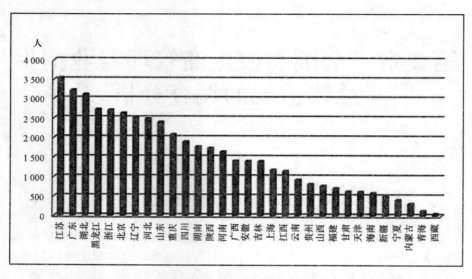

图 2-1　2016 年全国工商管理专业招生人数

(2)全国工商管理专业计划招生人数各地区占比。由图 2-2 可知，华东地区 28%、中南地区 25%、华北地区 14%、东北地区 14%、西南地区 12%、西北地区 7%。华东地区和中南地区是经济发达地区，同时也是人口密集地区，是商业企业聚集地，也是高校集中的地区。所以，华东地区和中南地区工商管理专业的招生人数远高于其他地区；华北和东北地区工商管理专业的招生人数相对较少一些，虽然这两个地区也包含了中国的几个经济大省和人口大省，但是，可能由于地理位置的局限，招生人数比华东和中南地区稍少一些。西北和西南地区受地理位置的限制，以及经济发展水平低、地广人稀且高校数量少等原因，招生人数偏少。

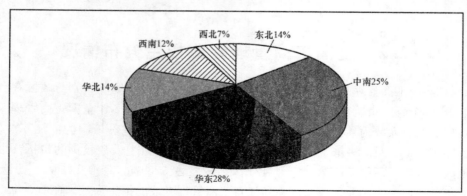

图 2-2　2016 年全国工商管理专业计划招生人数各地区占比

(3)全国高校工商管理专业学生来源。从图 2-3 可知，全国工商管理专业学生

第2章 全国高校工商管理专业招生总体情况的调查分析

主要来自广东3 285人、河北2 683人、河南2 620人、湖北2 555人、浙江2 453人，排在后四位的是宁夏581人、上海550人、青海354人、西藏128人。全国高校的工商管理专业主要从广东、河北、河南等省招生。东南沿海地区或中部发达地区，经济繁荣，企业数量多且规模大，这些地区的考生对工商管理专业了解相对多一点，报考意愿比较强，并且学生人数多。

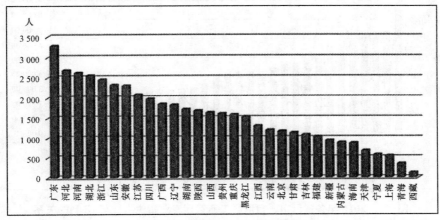

图2-3 2016年全国高校工商管理专业学生来源

(4)各省、市、自治区工商管理专业招生人数、高校数量与人口、GDP的关系。从图2-4、图2-5可以看出，全国高校在各省、市、自治区的招生数量与当地的人口、GDP等因素存在相关关系，人口数量越多，GDP越高，当地的招生数量就越多。从图2-6可以看出，在招生人数逐渐增加的趋势下，各省、市、自治区的人口数量也是逐渐增加的，但各地的高校数量呈现不是很明显的随人口增加而增

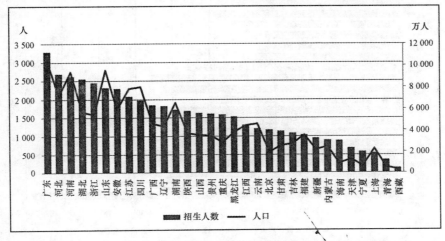

图2-4 2016年各省市工商管理专业招生人数与人口的关系

加的趋势,可以明显看出,有些省份如广东、河南、山东等地人口数和高校数并不成正比例关系。在这种矛盾关系下会导致生源的外流,如在山东高校数量不足的前提下,山东考生可能更多地会选择去省外读书。

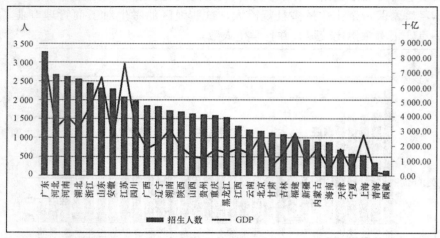

图 2-5　2016 年各省、市、自治区工商管理专业招生人数与 GDP 的关系

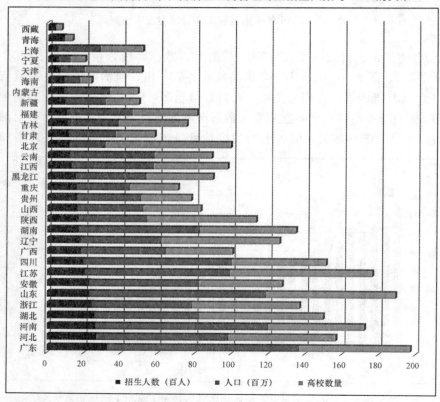

图 2-6　2016 年各省、市、自治区人口、招生人数、高校数量的关系

第2章 全国高校工商管理专业招生总体情况的调查分析

(5)华东地区各省、市招生人数。从图2-7可以看出,工商管理专业在华东地区各省、市的招生人数分别为:江苏3 545人、浙江2 714人、山东2 409人、安徽1 408人、上海1 186人、江西1 160、福建720人。江苏和浙江工商管理专业的招生人数较多,主要原因是人口密集,经济发达,企业数量多,对经管类,尤其是工商管理类学生的需求量大。

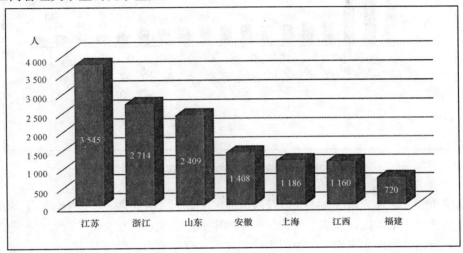

图2-7　2016年华东地区各省、市招生人数

2.3　山东省工商管理专业招生分布情况

(1)2016年山东省各院校工商管理专业招生人数。从图2-8可以看出,山东工商学院招生人数最多,为635人,这与其学校本身的性质有关,其次为山东财经大学350人、青岛工学院215人,除了这三所学校,其他学校工商管理专业的招生人数都刚过100人,如青岛大学118人、济南大学115人、烟台大学102人,还有招生相对少的青岛科技大学60人、中国海洋大学46人等。

除了山东工商学院和山东财经大学等以财经类专业为主的学校,其他的综合型学校工商管理专业的招生人数差别不是特别大,其中,与青岛科技大学相似的学校工商管理专业的招生人数要稍高一些。从图2-3可以得知,工商管理专业在西北、西南等地区的招生人数是比较少的,并且每个院校的所在地区是主要招生来源,随着国家"一带一路"倡议和"西部大开发"战略的实施推进,各高校将来在制订招生计划时可以向西北、西南地区适度倾斜。

(2)山东省工商管理专业学生来源。图2-9显示,山东省工商管理专业的学生主要来自华东地区,大约有1 706人,其次来自华北地区195人、中南地区149人、东

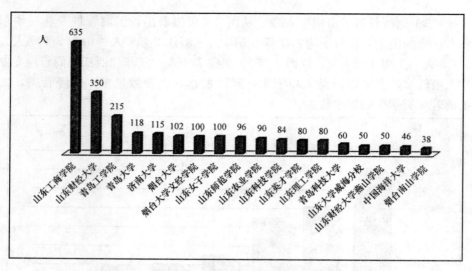

图 2-8　2016 年山东省各院校工商管理专业招生人数

北地区 133 人、西北地区 114 人以及西南地区 112 人。由此进一步证明，除了华东地区，华北、中南地区是山东工商管理专业的主要生源地，这与全国工商管理专业生源一致，所以，对山东来说，这种招生计划并不具有竞争力。经济发达、人口多的地区是全国各高校招生的主选地，开发新的生源地，才能增强山东的竞争力。

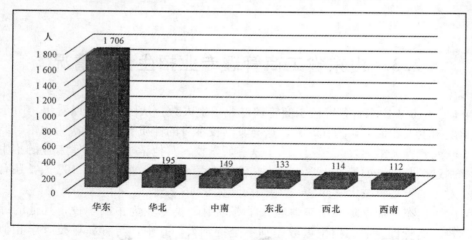

图 2-9　2016 年山东省工商管理专业学生来源

(3)山东省工商管理专业在全国的招生分布。从图 2-10 可知，2016 年山东省工商管理专业在山东招生 1 449 人，占山东总招生人数的 60.1%，在其他省、市、自治区的招生人数为安徽 137 人、黑龙江 62 人、河北 57 人、内蒙古 55 人、山西 53 人，招生比较少的是西藏 4 人、北京 3 人、上海 2 人。山东工商管理专业学生来源主要是山东省内，省外包括安徽、黑龙江、河北等，这些省份与山东相比，经济发展相差不多，地理环境的差异也不是很大，所以考生的报考意愿较强。山东省工商管理专业招生人数较少的地区，除了西北等生源本身就少的地区，还包括北京、上海等经济发达、城市发展比山东快的地区，发达地区的学生更偏向于留在本地，因为当地的学校数量更多，或者留学海外。

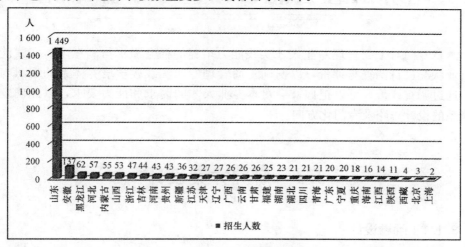

图 2-10 2016 年山东省工商管理专业在全国招生分布

第3章 工商管理专业人才实践能力培养的社会需求调查与分析评价

本章专门对工商管理专业人才实践能力培养的社会需求与满意度、实践能力与就业状况进行调查与评价,以明确工商管理专业实践教学培养体系的现状与不足。通过调查评价,可以把握社会对本专业人才的需求和能力要求,以此确定实践体系的设计思路及专门化方向。

3.1 研究方案设计

3.1.1 问卷设计

本次调查共分为两个问卷:《工商管理专业人才实践能力培养的社会需求与满意度调查与评价》《工商管理专业毕业生实践能力的调查与评价》。

(1)调查目的。本次问卷调查旨在通过了解青岛科技大学工商管理专业学生毕业后的相关工作情况,获得毕业生实践能力的相关信息,从而为工商管理专业实践教学体系的建设完善打好基础。

(2)调查对象。调查对象为青岛科技大学工商管理专业毕业生与毕业生工作所在的企业。

(3)调查项目。《工商管理专业毕业生实践能力的调查与评价》共分四大部分:

①青岛科技大学工商管理专业毕业生的个人资料,包括毕业时间、工作单位名称、所在部门及担任职务等。

②青岛科技大学工商管理专业毕业生的工作基本情况,包括工作来源、工作单位性质、所属行业以及职位变迁情况等。

③青岛科技大学工商管理专业毕业生对工商管理专业实践课程体系的评价,包括实验设施和场地的满意度、实践环节和实践课程时间安排的合适度、实践环节和实践课程方案设计的合理性、实践课程指导教师的能力等。

④青岛科技大学工商管理专业毕业生对自己实践能力的评价。

《工商管理专业人才实践能力培养的社会需求与满意度调查与评价》共分四大部分:

①毕业生所在企业领导的基本情况,包括担任职位与所在部门。

第3章 工商管理专业人才实践能力培养的社会需求调查与分析评价

②企业的基本情况，包括企业规模、单位类型、成立年限、所有制情况等。

③企业对工商管理人才的需求情况，包括对工商管理专业人才的招聘计划、岗位倾向，对工商管理专业学生实践能力的培养效果，本科生应具备的能力与不足等。

④对企业中毕业于学校工商管理专业的员工能力的评价。

3.1.2 数据统计与分析

工商管理专业毕业生实践能力、就业状况调查共收回问卷84份，有效问卷77份。参加问卷调查的毕业生中，毕业1～5年的占比48.6%，毕业5～10年的占比13.5%，毕业10年以上的占比37.8%。工商管理专业人才实践能力培养的社会需求与满意度调查收回问卷57份，其中有效问卷55份。参与调查的人员中，经理占比52%，科长占比28%，主管占比20%。

3.2 工商管理专业毕业生实践能力、就业状况与满意度的调查与评价

3.2.1 毕业生就业基本情况的调查分析

(1)工作信息来源(图3-1)。工商管理专业毕业生目前工作信息36.36%来源于网上招聘信息发布，10.39%来源于社会现场招聘会，7.79%来源于本校校园招聘会。由此可见网上招聘是找工作的重要途径与方式。

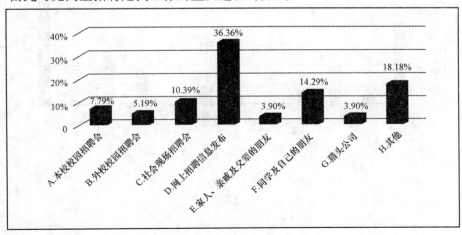

图 3-1 工作信息来源

(2)工作单位的性质(图3-2)。工商管理专业毕业生所在工作单位的性质

45.45%为私营企业，19.48%为国有企业，外资企业与集体企业分别为9.09%与3.9%。由此可以反映出私营企业对工商管理专业人才的需求量较大。

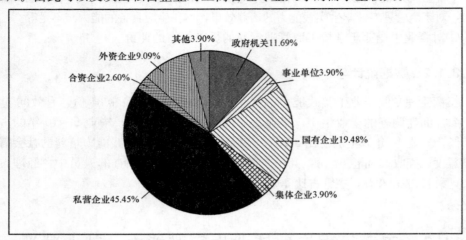

图 3-2　工作单位的性质

(3)工作单位的行业类型(图 3-3)。工商管理专业毕业生工作单位的行业类型：22.08%为制造业，14.29%为金融、保险业，10.39%为批发和零售业，7.79%为信息传播、计算机服务和软件业。由此可见工商管理专业的毕业生就业领域广阔，且大部分毕业生倾向就业方向为制造业与金融保险业。

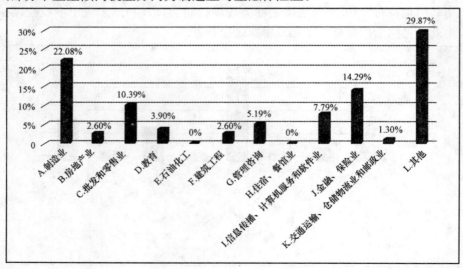

图 3-3　工作单位的行业类型

(4)月工资水平(图 3-4)。工商管理专业毕业生目前月工资水平：40.26%的毕业生月工资在 3 000~5 000 元，25.97%的毕业生在 5 000~8 000 元。

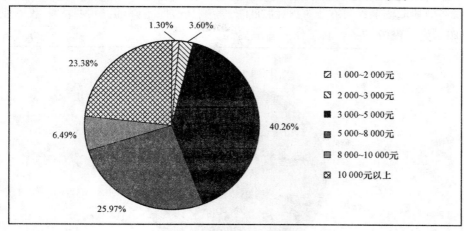

图 3-4　月工资水平

3.2.2　毕业生职位变迁情况的调查分析

职位变迁情况：在调查中有 66.23%的毕业生离职，其中一年内离职的占 45.10%，一到三年内离职的占 35.29%，三年以上离职的占 19.61%，且有 84.78%的毕业生换过 1 到 3 份工作。

(1) 同上份工作相比的优势（图 3-5）。

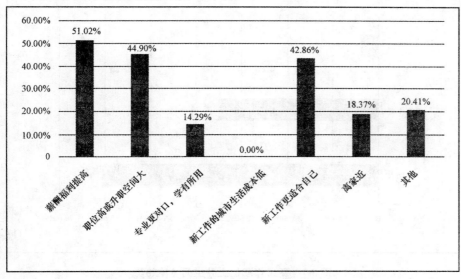

图 3-5　同上份工作相比的优势

(2)新工作薪酬总体趋势(图 3-6)。新工作的薪酬 69.23% 有上升的趋势，28.85% 是基本持平，只有 1.92% 的新工作薪酬是有所下降的。可见大多数毕业生为离职做好了充分准备，新工作的薪酬更高。

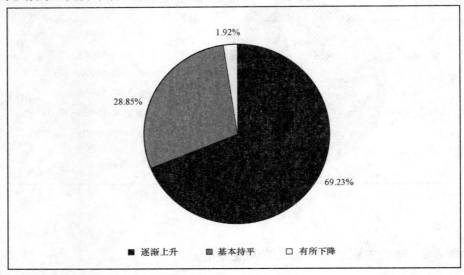

图 3-6 新工作薪酬总体趋势

(3)新工作职位上升空间总体趋势(图 3-7)。

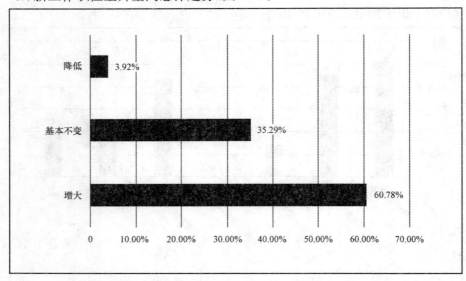

图 3-7 新工作职位上升空间总体趋势

(4)工商管理专业学生首次入职最适合的职位推荐(图 3-8)。在被推荐的岗位中,销售岗占 28.93%,人力资源岗占 25.62%,财务岗占 5.79%,办公室科员占 4.96%,银行柜员占 3.30%。由此可见,销售与人力资源是最适合工商管理专业学生就业的岗位。

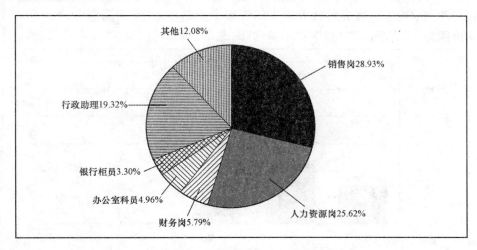

图 3-8　工商管理专业学生首次入职最适合的职位推荐

(5)工商管理专业往届毕业生毕业至今工作变换次数。从图 3-9 统计结果可以看出,往届工商管理专业毕业生工作至今没有换过工作的人数占 50%,换工作 0~2 次,占到 95.12%。换工作 3 次、4 次及 5 次或以上的人数所占比例不大,仅占 4.88%。就工作信息统计结果来看,往届工商管理专业毕业生工作分布在各个行业,工作后大多数人较为稳定,在自己的工作岗位上一直坚持并向上发展,少数人更换工作但不频繁。

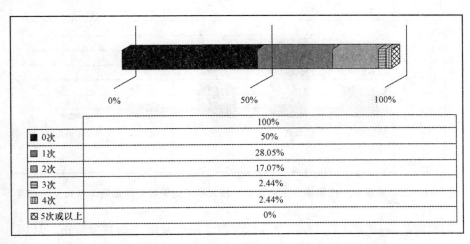

图 3-9　工商管理专业往届毕业生毕业至今工作变换次数

3.2.3 毕业生对学校满意度的调查分析

(1)对青岛科技大学的培养满意度分析。从图3-10统计结果可以看出，往届工商管理专业毕业生对青岛科技大学工商管理专业的培养"非常满意"及"满意"的所占的比例为76.83%，"一般"与"不满意"的占23.17%，没有"非常不满意"的。

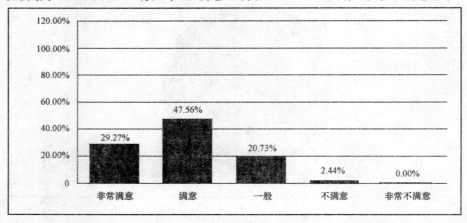

图3-10 工商管理专业往届毕业生对青岛科技大学的培养满意度

(2)对青岛科技大学工商管理专业课程体系设置满意度分析。从图3-11统计结果可以看出，往届工商管理专业毕业生对青岛科技大学工商管理专业课程体系的设置"非常满意"及"满意"的占71.95%，"一般"与"不满意"的占28.05%，其中"不满意"的比例占到7.32%，说明工商管理课程体系的设置还有待提高。

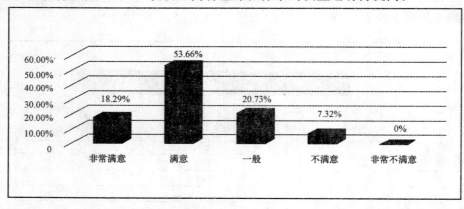

图3-11 工商管理专业往届毕业生对青岛科技大学工商管理专业课程体系设置满意度

(3)对青岛科技大学工商管理专业教师教学技能及能力满意度分析。从图3-12统计结果可以看出，往届工商管理专业毕业生对青岛科技大学工商管理专业教师

第3章 工商管理专业人才实践能力培养的社会需求调查与分析评价

教学技能及能力有90.25%的人"非常满意"及"满意",对教师非常认可。另外有9.76%的人认为"一般"与"不满意",没有"非常不满意"。

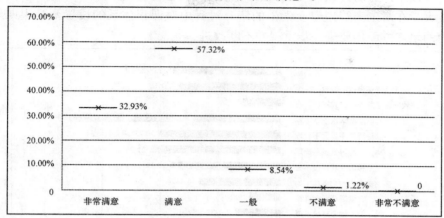

图 3-12 工商管理专业往届毕业生对青岛科技大学工商管理专业
教师教学技能及能力满意度

(4)对青岛科技大学最满意的地方。从图3-13统计结果可以看出,往届工商管理专业毕业生中75.61%对青岛科技大学最满意的地方是食堂饭菜好,其次是对教师教学能力、图书馆和自习室条件满意。

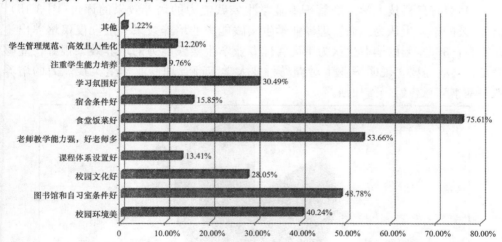

图 3-13 工商管理专业往届毕业生对青岛科技大学最满意的地方

(5)对青岛科技大学最不满意的地方。从图3-14统计结果可看出,往届工商管理专业毕业生中有35.37%的人认为学校不注重学生能力培养,有21.95%的人认为学校学习氛围不浓厚,20.73%的人认为学校课程体系设置不合理,"其他"占到18.29%(包括大四上学期还有课程安排,只能下学期找工作,相比其他学校机会少了些;缺少实践,学习之外的能力锻炼不够;针对性的训练学生能力的课程短且少;学以致用有所欠缺),认为校园文化建设不好的占 18.29%。可以看出,青岛科技大学在对工商管理专业学生的培养过程中对课程体系的设置及学生课外实践能力的培养方面还要进一步重视并不断改进、完善。

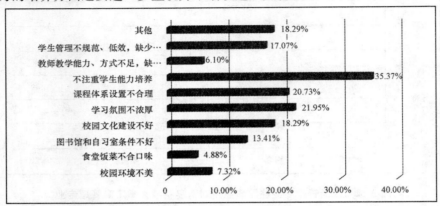

图 3-14　工商管理专业往届毕业生对青岛科技大学最不满意的地方

3.2.4　毕业生对实践能力培养的建议与评价

(1)对青岛科技大学工商管理专业学生实践能力的培养效果的评价(图 3-15)。51.95%的毕业生认为工商管理专业学生实践能力的培养效果一般,仅仅培养出一些能力,32.47%的毕业生认为工商管理专业学生实践能力的培养效果很好,能够满足社会的需要。说明毕业生对青岛科技大学工商管理专业学生实践能力的培养效果基本满意,但仍需加强。

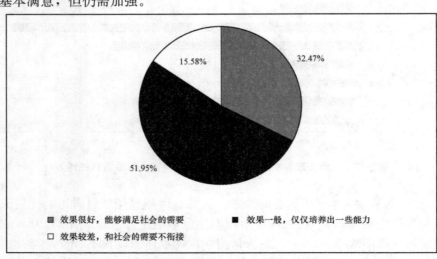

图 3-15　对青岛科技大学工商管理专业学生实践能力的培养效果的评价

(2)青岛科技大学实践性教学环节中对工作最有帮助的一项(图3-16)。30.26%的毕业生认为管理业务实习对工作最有帮助，22.37%的毕业生认为毕业实习对工作最有帮助，18.42%的毕业生认为认知实习对工作最有帮助。

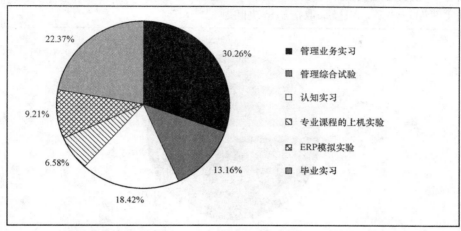

图3-16 实践性教学环节中对工作最有帮助的一项

(3)现有的实验设施和场地是否满足实践能力培养的要求(图3-17)。42.86%的毕业生认为现有的实验设施和场地部分满足实践能力的培养要求，27.27%的毕业生认为现有的实验设施和场地基本能够满足实践能力的培养要求，24.68%的毕业生认为现有的实验设施和场地远远无法满足实践能力的培养要求。可见应加大对实验设施的投入力度，对软件、硬件等及时更新以满足学生需求。

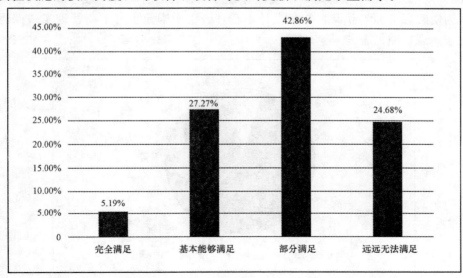

图3-17 实验设施和场地是否满足实践能力培养的要求

(4)对学校的实践环节和实践课程时间安排(图 3-18)。61.03%的毕业生认为实践环节较少、时间有点少;24.68%的毕业生认为实践环节很少、时间太少。超八成的毕业生认为实践环节少、时间少,应对该问题高度重视,找出问题根源,改革实践课程体系,积极采取措施解决问题。

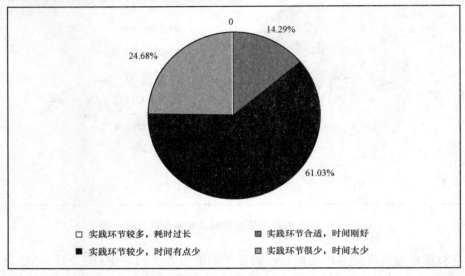

图 3-18 对学校的实践环节和实践课程时间安排

(5)对本专业的实践环节和实践课程方案设计的合理性满意程度(图 3-19)。55.84%的毕业生认为实践环节和实践课程方案设计的合理性一般,5.19%的毕业生认为实践环节和实践课程方案设计不合理。说明毕业生对工商管理实践课程体系比较满意,但仍需进一步完善。

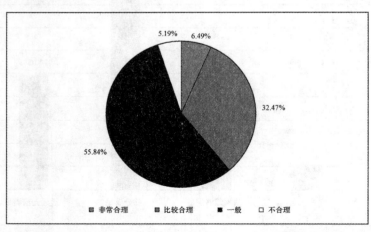

图 3-19 对本专业的实践环节和实践课程方案设计的合理性满意程度

第3章 工商管理专业人才实践能力培养的社会需求调查与分析评价

(6)对本专业实践课程方案设计的看法(图3-20)。

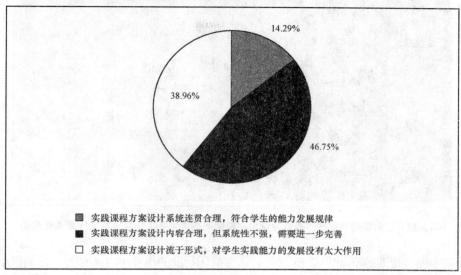

图 3-20 对本专业实践课程方案设计的看法

(7)对本专业的实践课指导教师整体上的看法(图3-21)。

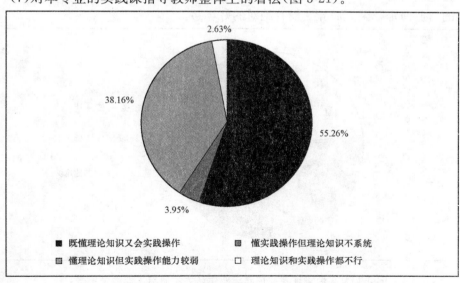

图 3-21 对本专业的实践课指导教师整体上的看法

(8)在校期间在学生会工作是否对毕业后找工作面试有帮助。从图3-22统计结果可以看出,往届工商管理专业毕业生中有50%的人认为在校期间在学生会工作对毕业后工作面试有一点帮助;35.36%的毕业生认为有很大帮助,二者之和占三分之二以上;

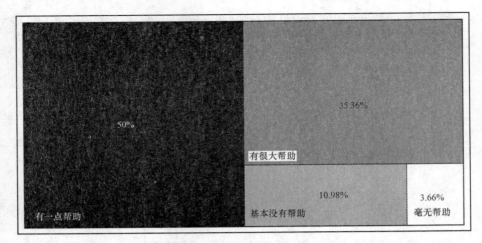

图 3-22　工商管理专业往届毕业生认为在校期间在学生会工作是否对工作面试有帮助

认为基本没有帮助的毕业生占 10.98%；认为毫无帮助的毕业生占 3.66%，比例很小。

(9) 考研与工作哪个更好。从图 3-23 统计结果可以看出，有 51.22% 的往届工商管理专业毕业生认为毕业后工作比较好，25.61% 的人认为继续考研深造比较好，其他建议占 23.17%("包括工作一段时间后考研""根据自己的实际情况和所要从事的行业而定""因人而异""没有绝对的好坏")。

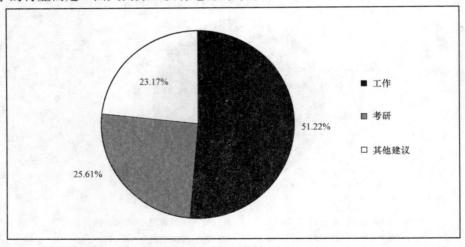

图 3-23　工商管理专业往届毕业生认为考研与工作哪个更好

(10) 毕业后继续学习的情况。从图 3-24 统计结果可以看出，往届工商管理专业毕业生中毕业后通过企业组织的各类培训提高自己的占 41.46%；通过学习考取有关的职业资格证书的占 36.59%；看书较少，主要通过工作实践提高能力的占 36.59%；少数通过研究生在职或脱产学习获得更高学位。

第3章 工商管理专业人才实践能力培养的社会需求调查与分析评价

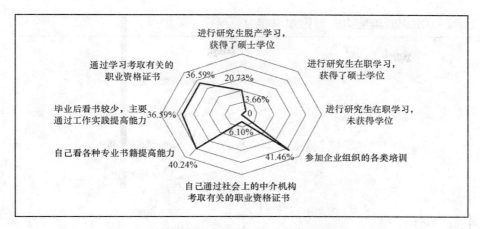

图3-24 工商管理专业往届毕业生毕业后继续学习情况

(11)工商管理专业学生刚毕业进入工作岗位会遇到的最大困难。从图3-25统计结果可以看出，往届工商管理专业毕业生在工作中感到理论与实践脱节，能力有限，无法应对繁重的任务的占57.32%；感到工作经验少，上手慢，工作压力大的占51.22%；感到现实与理想差距大，心理落差大，主动性不足的占54.88%；感到薪资太低，工作动力不足的占28.05%。

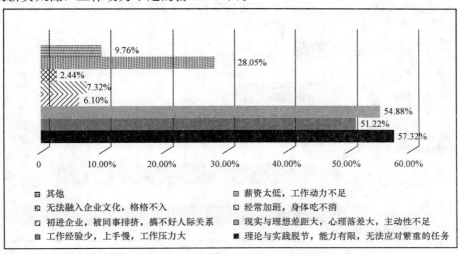

图3-25 工商管理专业学生刚毕业进入工作岗位会遇到的最大困难

(12)工商管理专业学生在校期间应进一步自我提升的能力。从图3-26统计结果可以看出，往届工商管理专业毕业生认为应进一步提升实践操作能力的占58.54%，应提升人际交往能力的占52.44%，应提升表达沟通能力的占52.44%，应提升适应应变能力的占48.78%，应提升思考创新能力的占40.24%；认为心理承受能力、组织管理能力、理论知识能力等同样需要加强。

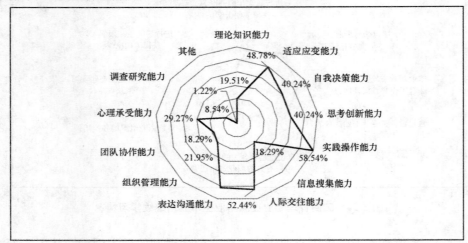

图 3-26　工商管理专业学生在校期间应进一步自我提升的能力

(13)学校在工商管理专业学生能力培养(模式)上的不足。从图 3-27 统计结果可以看出，往届工商管理专业毕业生中大多数认为青岛科技大学过于强调知识传授、忽略动手实践能力(64.63%)，实践教学目的不清、流于形式(57.32%)。

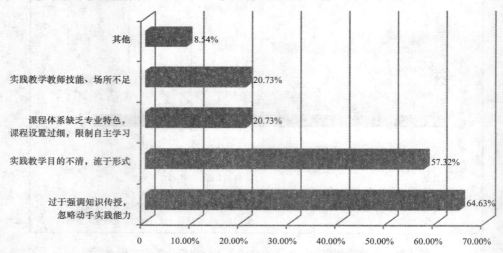

图 3-27　学校在工商管理专业学生能力培养(模式)上的不足

(14)对工商管理专业学生和教师、学校的更多工作建议。给学生的建议包括：一开始上大学就做好职业规划，明确方向、定位；学好专业课的理论知识，根据自己的兴趣，找到自己的侧重点，加强自主学习的能力；掌握好理论知识的同时，多与社会接触，多去企业参加实习，从基础做起，实践与理论相结合；建议平时将常用的管理学原理和市场营销这两本书学好,工作中都能用上;职业规划认真做,毕业后打算直接工作的,不要工资也要实习。

给教师、学校的建议包括:课程设计和体系上体现专业特色,更好地引导学生有方向性地学习;加强实践教学,不只是照搬教材,讲理论的同时多讲一些实际案例;增加实习环节,多安排企业实习;多请校友、企业到校作讲座,分享交流;希望部分教师上课时再生动一些,不要照本宣科地读教材,多讲些案例;给学生设计模块式分组式的课题作业,模拟演习;建议学校引导学生有倾向性地培养,设定几个方向,如销售、财务、行政等,帮助学生根据自身素质与喜好有方向性地学习;增加承担压力的心理培训;严格按经典理论要求学习。

可见,学校在工商管理专业学生的培养上有很多地方需要进一步改进完善,需要更加注重对学生能力的培养、注重学生实践能力与理论知识相结合,教育不能流于形式,需要每一步落到实处,多多参考学生的建议并吸取其他学校的好经验,不断地改进在教学方面的措施。学生在校期间一方面要找到自己的方向,学习好理论知识;另一方面要注重自我能力的提升,通过参加自己认为有用的活动或者学生会、社团全方位地提升自己的综合素质,为毕业以后的工作打下坚实的基础。

3.2.5 毕业生实践能力的模糊综合评价分析

(1)模糊综合评价法的实现过程。依据模糊综合评价法,对问卷调查收集到的数据整理、归类和分析,利用专家打分法给表3-1中的三级指标赋权,对青岛科技大学工商管理专业毕业生实践能力进行评价。对于能力层级各要素的数据调查,根据专家打分法,得到一级指标的权重为:0.3(基础能力),0.4(专业技能),0.3(解决问题的综合能力)。各级能力模块的具体能力要素及其权重在表3-1中得到体现。对各个评价等级的评分如下:

1=完全不符合;

2=不太符合;

3=基本符合;

4=比较符合;

5=完全符合。

所以评定集的数值化结果 $S=(1,2,3,4,5)$

根据调查问卷中能力细分指标的统计结果,经分析计算得到综合评价结果(该隶属度是能力要素统计结果占总人数的比重,即以具体能力要素体现中各评价等级下的数值除以有效问卷数量),具体如表3-1所示。

表 3-1　青岛科技大学工商管理专业实践教学效果综合评价调查

评价 指标	评价 指标		观测点(三级指标)	权重		2	3	4	5
A1 基础 能力 模块	0.3	A11 表达 沟通 能力	能够很好地用语言表达自己的思想，与人沟通无障碍				0.233 8	0.402 6	0.337 7
			能够在大众面前自如演讲	0.1					
			能够很好地应对社会上的招聘面谈，应聘成功率高						
		A12 信息 收集 能力	能够用互联网进行文献资料的检索查询	0.1					
			会用学校电子图书馆的学术期刊数据库查阅学术文献						
			能够在有关外文网站查阅外文资料						
			能够对信息进行筛选和处理，整理和编辑信息资料						
		A13 调查 研究 能力	能够进行调查问卷和量表的设计	0.2				0.389 6	0.233 8
			能够根据抽样调查和统计原理进行科学的抽样调查	0.2	0.013 0		0.3		.81 8
			掌握数据统计分析的基本方法，能用有关软件进行统计数据分析	0.3	0.013 0	0.181 8	0.311 7	0.376 6	0.116 9
			会网络和访谈调查	0.05	0.026 0	0.155 8	0.324 7	0.324 7	0.168 8
			能够根据调查结果进行问题的总结分析	0.2	0.013 2	0.039 5	0.328 9	0.434 2	0.184
			能够撰写形式、内容规范的调研报告	0.05	0.013 0	0.129 9	0.337 7	0.337 7	0.181
		A14 公文 撰写 能力	能够撰写一般性的公务文书，包括请示、报告、指示、批复、通知、通报、决定、函件、会议纪要等	0.12	1	0.013 0	0.090 9	0.272 7	0.337 7	0.285

第3章 工商管理专业人才实践能力培养的社会需求调查与分析评价

续表

		'重		观测点(三级指标)	权重					
A1 基础能力模块	0.3		A15 基本外语能力	0.12	能够用外语进行日常交流	0.5	0.116 9	0.337 7		0.077 9
					能翻译一般外文资料	0.3		0.285 7		0.051
					能撰写基本的外文文书			0.441 6	0.233 8	
			A16 办公软件操作能力	0.1	能够熟练地使用电脑,进行电脑软硬件的日常维护					
					能够熟练使用 Word、PPT、Excel、PDF 等办公软件					
					会使用 Visio、Project、Photoshop 等专业软件					
			A17 团队合作能力	0.11	在校期间经常以团队的形式完成特定的任务和目标					
					具有较好的团队合作意识					
					善于协调团队成员间的关系	0.3	0.000 0	0.026 0	0.2		1 7
					能够顺利解决团队合作中出现的冲突	0.2	0.000 0	0.026 0	0.2	6	0.298 7
			A18 环境适应能力	0.12	能迅速适应新环境,与周围的新人能够很快熟悉起来	0.3	0.013 0	0.013 0	0.168 8	0.415 6	0.389 6
					具有较强的心理调节能力	0.3	0.013 0	0.000 0	0.129 9	0.558 4	0.298 7
					具有较好的社交能力和处世能力,具有良好的人际关系	0.4	0.013 0	0.013 0	0.155 8	0.558 4	0.259 7
			A19 知识学习能力	0.11	对新事物和新知识常常具有很强的好奇心和兴趣	0.4	0.013 0	0.000 0	0.194 8	0.415 6	0.376 6
					能快速高效地学习并掌握课堂内外的新知识	0.4	0.013 0	0.000 0	0.155 8	0.493 5	0.337 7
					能够轻松顺利地通过各门课程的考试,以及各种技能性等级考试	0.2	0.026 7	0.026 7	0.200 0	0.466 7	0.280 0

续表

评价系统（一级指标）	权重	评价项目（二级指标）	权重	观测点（三级指标）	权重	1	2	3	4	5
A2 专业技能模块	0.4	A21 人力资源管理能力	0.12	掌握人力资源管理一般流程，能够制定人力资源规划	0.4	0.013 0	0.168 8	0.376 6	0.285 7	0.155 8
				会进行工作分析，制作工作岗位说明书	0.3	0.013 3	0.133 3	0.293 3	0.386 7	0.173 3
				能够进行常用的薪酬体系和绩效管理体系的设计	0.3	0.013 0	0.194 8	0.402 6	0.259 7	0.129 9
		A22 财务报表编制审阅能力	0.08	能审阅分析财务报表	0.4	0.013 0	0.207 8	0.415 6	0.272 7	0.090 9
				会编制主要的财务报表	0.2	0.090 9	0.324 7	0.389 6	0.168 8	0.026 0
				能计算分析关键财务指标	0.4	0.051 9	0.259 7	0.389 6	0.259 7	0.039 0
		A23 市场营销能力	0.12	会进行市场调研	0.3	0.000 0	0.129 9	0.454 5	0.272 7	0.142 9
				会市场趋势预测分析	0.2	0.000 0	0.120 0	0.493 3	0.200 0	0.186 7
				能够对产品制定营销策略	0.1	0.039 0	0.168 8	0.467 5	0.181 8	0.142 9
				掌握电子商务和网络营销的基本技能	0.1	0.026 0	0.118 4	0.486 8	0.184 2	0.157 9
				能撰写营销策划方案	0.1	0.013 0	0.168 8	0.428 6	0.233 8	0.090 9
				掌握常用推销技巧和策略	0.2	0.052 6	0.155 8	0.506 5	0.207 8	0.090 9
		A24 商务谈判能力	0.1	熟悉常见的商务术语和商务礼节	0.3	0.077 9	0.090 9	0.324 7	0.402 6	0.155 8
				掌握商务谈判技巧	0.4	0.039 0	0.116 9	0.402 6	0.324 7	0.142 9
				能够起草商务合同	0.3	0.026 0	0.289 5	0.236 8	0.263 2	0.157 9
		A25 项目策划与投资分析能力	0.1	能撰写项目可行性研究报告、项目评价报告	0.5	0.013 0	0.142 9	0.337 7	0.285 7	0.168 8
				会撰写项目策划书	0.3	0.052 6	0.131 6	0.394 7	0.276 3	0.144 7
				能够编制项目实施的进度、资源、费用计划	0.2	0.065 8	0.131 6	0.368 4	0.276 3	0.157 9
		A26 商务英语能力	0.08	会常见的商务英语词汇	0.2	0.064 9	0.389 6	0.311 7	0.181 8	0.051 9
				能进行商务英语听说	0.5	0.066 7	0.426 7	0.333 3	0.093 3	0.080 0
				能处理日常外贸商务函电	0.3	0.090 9	0.415 6	0.285 7	0.142 9	0.064 9

第3章 工商管理专业人才实践能力培养的社会需求调查与分析评价

续表

评价系统（一级指标）	权重	评价项目（二级指标）	权重	观测点（三级指标）	权重	1	2	3	4	5
A2 专业技能模块	0.4	A27 经济分析与预测能力	0.08	能熟练运用 SPSS 软件工具进行回归分析预测和时间序列预测等	1	0.168 8	0.441 6	0.285 7	0.064 9	0.039 0
		A28 生产运作规划能力	0.08	能进行企业生产选址优化	0.5	0.129 9	0.389 6	0.298 7	0.155 8	0.026 0
				会进行生产计划与排程	0.2	0.077 9	0.337 7	0.285 7	0.233 8	0.064 9
				会优化设计生产系统	0.3	0.090 9	0.363 6	0.311 7	0.155 8	0.077 9
		A29 组织与流程设计能力	0.08	能够根据组织的性质设计组织架构，绘制组织结构图	0.5	0.052 6	0.131 5	0.368 4	0.250 0	0.197 4
				能够设计各种职能部门的工作流程，绘制工作流程图	0.3	0.066 7	0.133 3	0.280 0	0.333 3	0.186 7
				能够对工作流程进行分析与优化	0.2	0.065 8	0.092 1	0.368 4	0.276 3	0.194 7
		A210 战略规划分析能力	0.08	能够在调查研究和战略分析的基础上，为一个具体企业制定详细的战略规划	0.5	0.092 1	0.144 7	0.394 7	0.250 0	0.118 4
				能够针对具体企业，熟练使用 PEST、五力模型、SWOT、波士顿矩阵等工具和方法进行战略分析	0.5	0.080 0	0.173 3	0.426 7	0.200 0	0.120 0
		A211 国际贸易和证券投资实务操作能力	0.03	能够熟练进行国际贸易业务各种实际操作	0.6	0.131 6	0.394 7	0.315 8	0.092 1	0.065 8
				会证券投资主要技术指标的计算和分析	0.4	0.157 9	0.407 9	0.276 3	0.078 9	0.078 9
		A212 管理信息系统操作与开发能力	0.05	能设计数据库，进行数据统计和报表制作，能熟练掌握程序设计并能解决实际管理问题	0.2	0.118 4	0.355 3	0.355 3	0.118 4	0.052 6
				能够开发简单的数据库应用系统	0.1	0.175 7	0.500 0	0.202 7	0.067 6	0.054 1

续表

评价系统（一级指标）	权重	评价项目（二级指标）	权重	观测点（三级指标）	权重	1	2	3	4	5
A2 专业技能模块	0.4	A212 管理信息系统操作与开发能力	0.05	能够熟练操作使用管理信息系统	0.3	0.065 8	0.194 7	0.263 2	0.210 5	0.263 2
				能设计 ERP 子系统流程	0.1	0.144 7	0.368 4	0.276 3	0.105 3	0.105 3
				掌握开发、维护 MIS 的基本技能	0.3	0.223 7	0.486 8	0.210 5	0.053 6	0.026 3
A3 解决问题的综合能力模块	0.3	A31 创业能力	0.25	具有较强的成功愿望和获得权力的愿望，自主性强	0.1	0.013 2	0.090 9	0.236 8	0.434 2	0.289 5
				具有敏锐的市场洞察力、创造力和适应能力	0.2	0.013 2	0.026 0	0.407 9	0.342 1	0.210 5
				自信、具有强烈的社交意识，愿意寻求与他人合作，责任意识强	0.2	0.013 2	0.013 0	0.236 8	0.434 2	0.302 6
				有很强的忍耐力、心理承受能力，能承担风险	0.2	0.013 2	0.013 0	0.184 2	0.447 4	0.328 9
				在校期间有过小型创业	0.3	0.394 7	0.013 0	0.131 6	0.065 8	0.210 5
		A32 创新能力	0.15	具有勇于冒险、开拓进取的创新意识	0.3	0.013 2	0.026 0	0.315 8	0.434 2	0.118 4
				常产生创新思维	0.5	0.013 2	0.013 2	0.328 9	0.368 4	0.184 2
				在校期间获得过创新方面的成果奖励	0.2	0.144 7	0.013 0	0.302 6	0.263 2	0.078 9
		A33 战略思考能力	0.15	与他人相比，更具备前瞻性战略眼光	0.3	0.065 8	0.013 0	0.368 4	0.342 1	0.105 3
				与他人相比，能够更加系统全面地思考问题	0.4	0.013 2	0.116 9	0.276 3	0.460 6	0.184 2
				与其他人相比，做事更有谋略和智慧	0.3	0.013 2	0.116 9	0.320 0	0.440 0	0.146 7
		A34 领导组织能力	0.2	有较高的个人威信	0.1	0.013 2	0.181 8	0.315 8	0.434 2	0.171 1
				有较强的控制力和影响力	0.1	0.000 0	0.013 0	0.253 2	0.493 3	0.186 7
				善于激励、指挥、组织他人实现目标	0.3	0.026 3	0.013 0	0.289 5	0.447 4	0.157 9
				能够积极获取、平衡、利用各种资源	0.2	0.013 2	0.116 9	0.223 7	0.552 6	0.171 1
				善于解决组织冲突、处理人际关系	0.3	0.013 2	0.000 0	0.289 5	0.460 5	0.184 2

第3章 工商管理专业人才实践能力培养的社会需求调查与分析评价

续表

评价系统（一级指标）	权重	评价项目（二级指标）	权重	观测点（三级指标）	权重	1	2	3	4	5
A3 解决问题的综合能力模块	0.3	A35 决策应变能力	0.25	能够正确理解出现的问题，做出有效的判断和决策	0.3	0.013 2	0.000 0	0.223 7	0.486 8	0.236 8
				对事物的发展规律有预见性，善于把握机遇	0.4	0.013 2	0.000 0	0.276 3	0.486 8	0.184 2
				面对突发事件沉着冷静，能快速反应，解决问题	0.3	0.013 2	0.000 0	0.289 5	0.447 4	0.223 7

综合评价的计算步骤如下：

① 以"表达沟通能力"为例，对第三级因素集（观测点）进行综合评价。

$A11 = (0.5\ \ 0.3\ \ 0.2)$

$$R11 = \begin{bmatrix} 0.000\ 0 & 0.026\ 0 & 0.233\ 8 & 0.402\ 6 & 0.337\ 7 \\ 0.026\ 0 & 0.181\ 8 & 0.327\ 4 & 0.350\ 6 & 0.116\ 9 \\ 0.013\ 0 & 0.090\ 9 & 0.311\ 7 & 0.363\ 6 & 0.220\ 8 \end{bmatrix}$$

$B11 = A11 \times R11 = (0.014\ 0\ \ 0.085\ 72\ \ 0.277\ 46\ \ 0.379\ 2\ \ 0.248\ 08)$

同理计算

$B12 = (0.032\ 49\ \ 0.072\ 75\ \ 0.253\ 24\ \ 0.346\ 75\ \ 0.294\ 79)$

$B13 = (0.013\ 69\ \ 0.133\ 865\ \ 0.301\ 51\ \ 0.378\ 4\ \ 0.172\ 56)$

$B14 = (0.013\ 0\ \ 0.090\ 9\ \ 0.272\ 7\ \ 0.337\ 7\ \ 0.285\ 7)$

$B15 = (0.129\ 88\ \ 0.342\ 88\ \ 0.332\ 49\ \ 0.132\ 47\ \ 0.062\ 32)$

$B16 = (0.044\ 17\ \ 0.128\ 56\ \ 0.203\ 87\ \ 0.236\ 38\ \ 0.385\ 22)$

$B17 = (0\ \ 0.036\ 38\ \ 0.232\ 49\ \ 0.411\ 69\ \ 0.319\ 47)$

$B18 = (0.013\ 0\ \ 0.009\ 1\ \ 0.151\ 93\ \ 0.515\ 56\ \ 0.310\ 37)$

$B19 = (0.015\ 74\ \ 0.005\ 34\ \ 0.180\ 24\ \ 0.456\ 98\ \ 0.341\ 72)$

② 对第二级因素集即评价项目进行综合评价。

$A1 = (0.1\ \ 0.1\ \ 0.12\ \ 0.12\ \ 0.12\ \ 0.1\ \ 0.11\ \ 0.12\ \ 0.11)$

根据步骤①得到

$$R1 = \begin{bmatrix} 0.014\ 0 & 0.085\ 72 & 0.277\ 46 & 0.379\ 2 & 0.248\ 08 \\ 0.032\ 49 & 0.072\ 75 & 0.253\ 24 & 0.346\ 75 & 0.294\ 79 \\ 0.013\ 69 & 0.133\ 865 & 0.301\ 51 & 0.378\ 4 & 0.172\ 56 \\ 0.013\ 0 & 0.090\ 9 & 0.272\ 7 & 0.337\ 7 & 0.285\ 7 \\ 0.129\ 88 & 0.342\ 88 & 0.332\ 49 & 0.132\ 47 & 0.062\ 32 \\ 0.044\ 17 & 0.128\ 56 & 0.203\ 87 & 0.236\ 38 & 0.385\ 22 \\ 0 & 0.036\ 38 & 0.232\ 49 & 0.411\ 69 & 0.319\ 47 \\ 0.013\ 0 & 0.009\ 1 & 0.151\ 93 & 0.515\ 56 & 0.310\ 37 \\ 0.015\ 74 & 0.005\ 34 & 0.180\ 24 & 0.456\ 98 & 0.341\ 72 \end{bmatrix}$$

$B1 = A1 \times R1 = (0.071\ 113\quad 0.102\ 501\ 6\quad 0.245\ 892\ 9\quad 0.355\ 482\ 3\quad 0.265\ 253\ 9)$

结合上述两个步骤得到

$$R2 = \begin{bmatrix} 0.013\ 09 & 0.165\ 95 & 0.359\ 41 & 0.308\ 2 & 0.153\ 28 \\ 0.044\ 14 & 0.251\ 94 & 0.4 & 0.246\ 72 & 0.057\ 16 \\ 0.018\ 32 & 0.139\ 73 & 0.474\ 6 & 0.223\ 35 & 0.137\ 56 \\ 0.046\ 77 & 0.160\ 88 & 0.329\ 49 & 0.329\ 62 & 0.151\ 27 \\ 0.035\ 44 & 0.137\ 25 & 0.360\ 94 & 0.281 & 0.159\ 39 \\ 0.073\ 6 & 0.415\ 95 & 0.314\ 7 & 0.125\ 88 & 0.069\ 85 \\ 0.168\ 8 & 0.441\ 6 & 0.285\ 7 & 0.064\ 9 & 0.039\ 0 \\ 0.107\ 8 & 0.371\ 42 & 0.3 & 0.171\ 4 & 0.049\ 35 \\ 0.059\ 47 & 0.124\ 21 & 0.341\ 88 & 0.280\ 25 & 0.193\ 65 \\ 0.086\ 05 & 0.159 & 0.410\ 7 & 0.225 & 0.119\ 2 \\ 0.142\ 12 & 0.399\ 98 & 0.3 & 0.086\ 82 & 0.071\ 04 \\ 0.142\ 57 & 0.362\ 35 & 0.261\ 07 & 0.120\ 2 & 0.113\ 3 \end{bmatrix}$$

$$R3 = \begin{bmatrix} 0.127\ 65 & 0.023\ 39 & 0.228\ 94 & 0.307\ 9 & 0.260\ 5 \\ 0.039\ 5 & 0.017 & 0.319\ 71 & 0.367\ 1 & 0.143\ 4 \\ 0.029\ 01 & 0.085\ 73 & 0.317\ 04 & 0.418\ 87 & 0.149\ 28 \\ 0.015\ 81 & 0.046\ 76 & 0.275\ 35 & 0.475\ 64 & 0.172\ 63 \\ 0.013\ 2 & 0 & 0.264\ 48 & 0.474\ 98 & 0.211\ 83 \end{bmatrix}$$

$B2 = A2 \times R2 = (0.066\ 571\ 1\quad 0.237\ 741\ 1\quad 0.355\ 416\ 1\quad 0.222\ 594\ 6\quad 0.116\ 020\ 3)$

$B3 = A3 \times R3 = (0.048\ 651\quad 0.030\ 609\quad 0.273\ 937\ 5\quad 0.408\ 743\ 5\quad 0.196\ 510\ 5)$

③对第一级因素，即评价系统进行综合评价。

$A = (0.3\quad 0.4\quad 0.3)$

根据步骤②得到

$$R = \begin{bmatrix} 0.071\ 113 & 0.102\ 501\ 6 & 0.245\ 892\ 9 & 0.355\ 482\ 3 & 0.265\ 253\ 9 \\ 0.066\ 571\ 1 & 0.237\ 741\ 1 & 0.355\ 416\ 1 & 0.222\ 594\ 6 & 0.116\ 020\ 3 \\ 0.048\ 651 & 0.030\ 609 & 0.273\ 937\ 5 & 0.408\ 743\ 5 & 0.196\ 510\ 5 \end{bmatrix}$$

第3章 工商管理专业人才实践能力培养的社会需求调查与分析评价

则 $B = A \times R =$ (0.062 557 64　0.135 029 62　0.298 115 56　0.318 305 58　0.184 937 44)

④计算最终评价值。

$S = (1, 2, 3, 4, 5)^T$

所以综合评分 $V = B \times S = 3.424\ 873\ 08$

根据评定集的数值化结果 $S=(1,2,3,4,5)$，其中3代表基本符合标准，说明青岛科技大学工商管理专业毕业生对自己的实践能力效果评价基本满意。其中，根据综合得分法得到，"B-S-P"能力层级的得分矩阵

$$W = R \times S = \begin{bmatrix} 3.761\ 993\ 6 \\ 3.042\ 242 \\ 3.549\ 208 \end{bmatrix}$$

所以基础能力总得分为3.762 0，专业技能总得分为3.042 242，解决问题的综合能力总得分为3.549 208。说明基础能力得分高于解决问题的综合能力得分，专业技能最差。根据综合评分法，能得到"B-S-P"能力层级的具体能力得分。

通过比较图3-28中基础能力层级(B)各个能力指标得分，发现青岛科技大学工商管理专业毕业生相较于其他能力，只有基本外语能力得分低于3分，说明工商管理专业毕业生需着实加强自己的外语能力，且实践教学需注重对该能力的培养。其中环境适应能力与知识学习能力最强，团队合作能力、信息收集能力、公文撰写能力、表达沟通能力、办公软件操作能力、调查研究能力得分依次降低，但这些能力得分均大于3分。表明整体的能力水平较高，掌握不错。

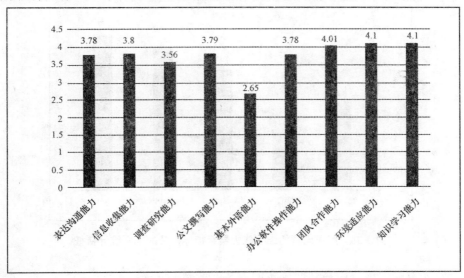

图3-28　基础能力层级指标得分的样本统计特征

专业技能层级(S)中各能力指标得分(图 3-29)表明,专业技能掌握一般,经济分析与预测商务英语能力、生产运作规划能力、管理信息系统操作与开发能力、国际贸易和证券投资实务操作能力得分低于 3,其余能力相对较好,需着重加强对弱势能力的培养。

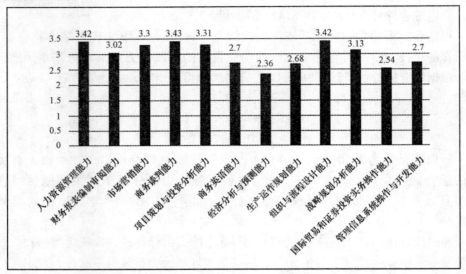

图 3-29 专业技能层级指标得分的样本统计特征

解决问题的综合能力层级(P)中各能力指标得分(图 3-30)表明,学生的创新能力较差,创业能力、战略思考能力需要提高。

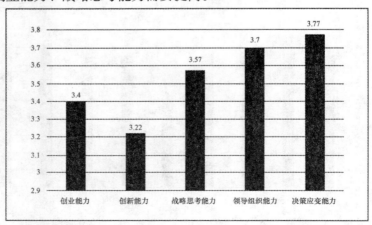

图 3-30 解决问题的综合能力层级指标得分的样本统计特征

(2)所有能力得分由高到低分布如表 3-2 所示。

第3章 工商管理专业人才实践能力培养的社会需求调查与分析评价

表 3-2 青岛科技大学工商管理专业人才实践能力比较

能力	得分	优势	劣势
环境适应能力	4.1	具有较强的心理调节能力	能迅速适应新环境，与周围的新人能够很快熟悉起来
知识学习能力	4.1	对新事物和新知识常常具有很强的好奇心和兴趣	能够轻松顺利地通过各门课程的考试，以及各种技能性等级考试
团队合作能力	4.01	具有较好的团队合作意识	在校期间经常以团队的形式完成特定的任务和目标
信息收集能力	3.8	能够用互联网进行文献资料的检索查询	能够在有关外文网站查阅外文资料
公文撰写能力	3.79	能够撰写一般性的公务文书，包括请示、报告、指示、批复、通知、通报、决定、函件、会议纪要等	
表达沟通能力	3.78	能够很好地用语言表达自己的思想，与人沟通无障碍	能够在大众面前自如地演讲
办公软件操作能力	3.78	熟练使用 Word、PPT、Excel、PDF 等办公软件	会使用 Visio、Project、Photoshop 等专业软件
决策应变能力	3.77	能够正确理解出现的问题，做出有效的判断和决策	面对突发事件沉着冷静，能快速反应，解决问题
领导组织能力	3.7	有较强的控制力和影响力	善于激励、指挥、组织他人实现目标
战略思考能力	3.57	与他人相比，能够更加系统全面地思考问题	与他人相比，更具备前瞻性战略眼光
调查研究能力	3.56	能够进行调查问卷和量表的设计	掌握数据统计分析的基本方法，能用有关软件进行统计数据分析
商务谈判能力	3.43	熟悉常见的商务术语和商务礼节	能够起草商务合同
人力资源管理能力	3.42	会进行工作分析，制作工作岗位说明书	能够进行常用的薪酬体系和绩效管理体系的设计
组织与流程设计能力	3.42	能够设计各种职能部门的工作流程，绘制工作流程图	能够对工作流程进行分析与优化
创业能力	3.4	有很强的忍耐力、心理承受能力，能承担风险	在校期间办过小型创业
项目策划与投资分析能力	3.31	能撰写项目可行性研究报告、项目评价报告	能够编制项目实施的进度、资源、费用计划
市场营销能力	3.3	会市场趋势预测分析	能撰写营销策划方案
创新能力	3.22	常产生创新思维	在校期间获得过创新方面的成果奖励

续表

能　力	得分	优　势	劣　势
战略规划分析能力	3.13	能够针对具体企业，熟练使用PEST、五力模型、SWOT、波士顿矩阵等工具和方法进行战略分析	能够在调查研究和战略分析的基础上，为一个具体企业制定详细的战略规划
财务报表编制审阅能力	3.02	能审阅分析财务报表	会编制主要财务报表
商务英语能力	2.7	会常见的商务英语词汇	能进行商务英语听说
管理信息系统操作与开发能力	2.7	能够熟练操作使用管理信息系统	掌握开发、维护MIS的基本技能
生产运作规划能力	2.68	会进行生产计划与排程	能进行企业生产选址优化
基本外语能力	2.65	能翻译一般外文资料	能撰写基本的外文文书
国际贸易和证券投资实务操作能力	2.54	能够熟练进行国际贸易业务各种实际操作	会证券投资的主要技术指标计算和分析
经济分析与预测能力	2.48	能熟练运用SPSS软件工具进行回归分析预测和时间序列预测等	

3.3 工商管理专业人才实践能力培养的社会需求与满意度调查与评价

3.3.1 用人单位的基本情况分析

(1)用人单位的所有制形式(图3-31)。

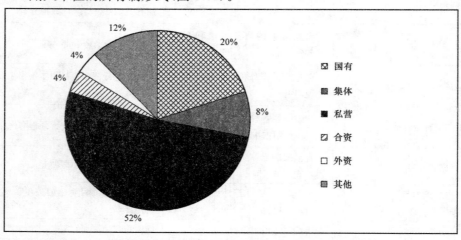

图3-31 用人单位的所有制形式

第3章 工商管理专业人才实践能力培养的社会需求调查与分析评价

(2)用人单位是否上市公司(图3-32)。

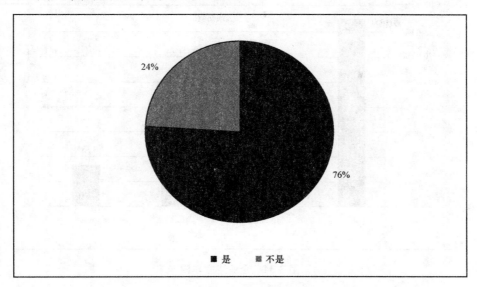

图3-32 用人单位是否上市公司

(3)企业规模(图3-33)。

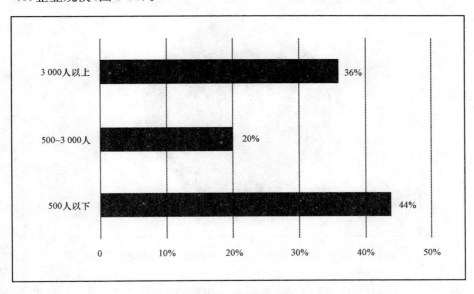

图3-33 企业规模

(4)企业成立年限(图3-34)。
(5)用人单位近2年有无招用工商管理专业本科毕业生的计划(图3-35)。有

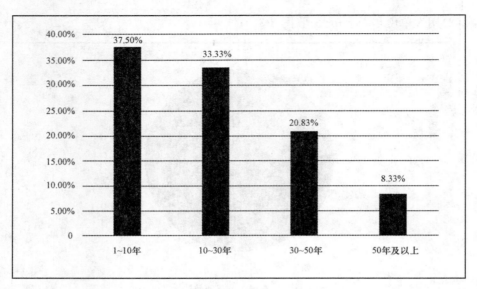

图 3-34 企业成立年限

60%的企业近 2 年对工商管理专业的人才有需求，说明工商管理专业就业前景较好，但仍需提升自身能力以满足企业需求。

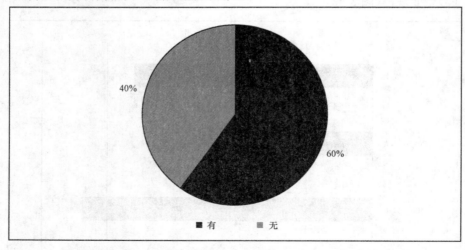

图 3-35 用人单位近两年有无招用工商管理专业本科毕业生的计划

(6)用人单位招聘工商管理专业本科人才倾向性岗位(图 3-36)。52%的企业为工商管理人才设定的岗位为销售助理，44%的企业为工商管理人才设定的岗位为行政助理，36%的企业为工商管理人才设定的岗位为销售专员。这表明大多数企业需要工商管理专业人才从事销售、助理类工作。

第3章 工商管理专业人才实践能力培养的社会需求调查与分析评价

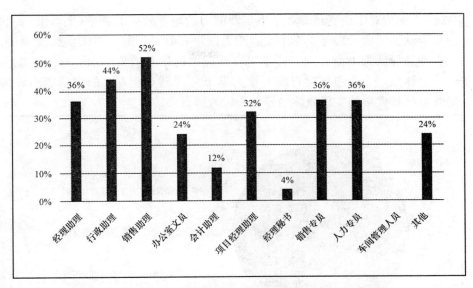

图 3-36　用人单位招聘工商管理专业本科人才倾向性岗位

3.3.2　用人单位对工商管理专业学生实践能力的需求与满意度分析

(1)在大学开设工商管理专业实践教学课程是否有必要(图 3-37)。68%的企业领导认为在大学中开设工商管理专业实践教学课程非常有必要，企业从中受益；24%的企业领导认为在大学中开设工商管理专业实践教学课程有必要，有助于提升人才素质。说明青岛科技大学对工商管理专业人才实践能力培养的效果得到了肯定，为学生的就业与企业的获益打下了良好的基础。

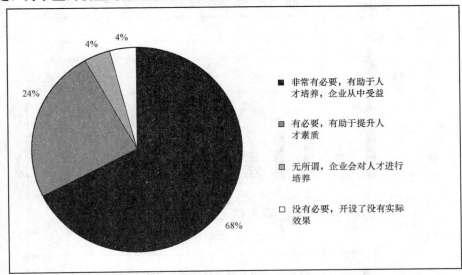

图 3-37　在大学中开设工商管理专业实践教学课程是否有必要

(2)用人单位对工商管理专业学生实践能力的培养效果的评价(图 3-38)。44%的企业领导认为工商管理专业学生实践能力的培养效果很好,员工实践能力很强;56%的企业领导认为工商管理专业学生实践能力的培养效果一般,有一些能力有待培养。总体上,企业领导对青岛科技大学工商管理专业人才的实践能力较为满意,对青岛科技大学的实践教学培养效果较为满意。

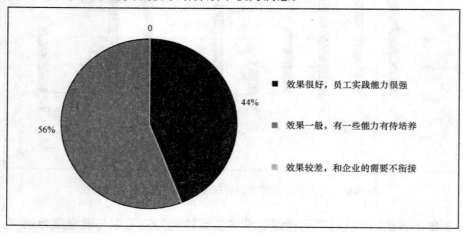

图 3-38 用人单位对工商管理专业学生实践能力的培养效果的评价

(3)从工作性质考虑,工商管理专业本科毕业生应具备哪些基础能力(图 3-39)。总体来看,企业管理者认为工商管理专业本科毕业生应具备的基础能力主要有表达沟通能力、团队合作能力、办公软件操作能力,这几项分别占比 76%、36%、32%。因此在众多基础能力中要着重加强培养这三项能力。

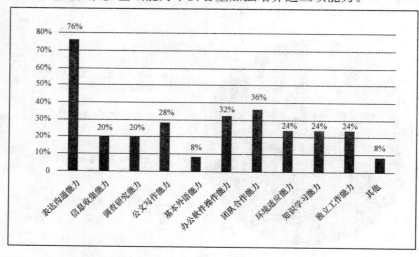

图 3-39 工商管理专业本科毕业生应具备的基础能力

(4)从工作性质考虑,工商管理专业本科毕业生应具备哪些专业技能(图 3-40)。总体来看,企业管理者认为工商管理专业本科毕业生应具备的专业技能主要有市场营销能力、商务谈判能力、人力资源管理能力,这几项分别占比 76%、40%、40%。因此在众多专业技能中要着重加强培养这三项能力。

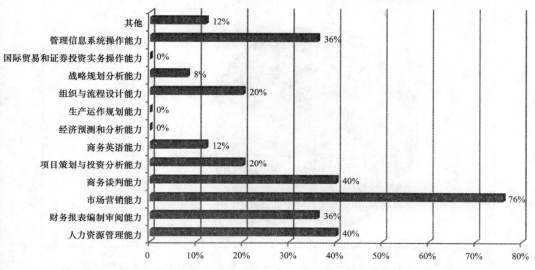

图 3-40　工商管理专业本科毕业生应具备的专业技能

(5)从工作性质考虑,工商管理专业本科毕业生应具备哪些解决问题的综合能力(图 3-41)。总体来看,企业管理者认为工商管理专业本科毕业生应具备的解决问题的综合能力主要有创新能力、决策应变能力、领导组织能力,这几项分别占比 64%、60%、40%。因此在众多综合能力中要着重加强培养这三项能力。

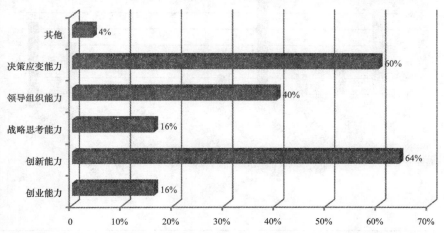

图 3-41　工商管理专业本科毕业生应具备的解决问题的综合能力

(6)工商管理专业本科毕业生一般几年可以做到中层管理者的位置(图 3-42)。有 72% 的管理者认为工商管理专业本科毕业生一般在 5 年内就可以做到中层管理者的位置。

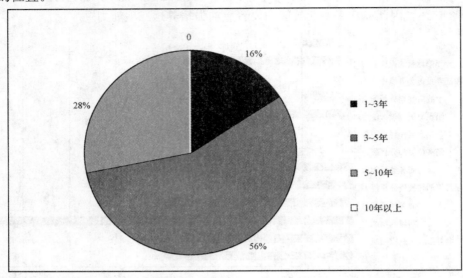

图 3-42 工商管理专业本科毕业生一般几年可以做到中层管理者的位置

(7)当前工商管理专业本科毕业生的不足主要有哪些(图 3-43)。当前工商管理专业本科毕业生的不足有很多,相比较而言,最重要的有以下三点:实际操作能力有待提

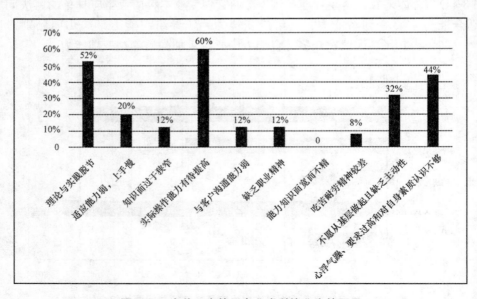

图 3-43 当前工商管理专业本科毕业生的不足

高、理论与实践脱节,分别占比60%、52%。因此,应从解决这些问题入手,着力加强青岛科技大学工商管理专业实践教学体系的改革建设。

(8)下列哪些证书对工商管理专业的学生比较重要(图3-44)。企业管理者认为会计从业资格证、市场营销资格证、初级项目经理证书比较重要。因此,应契合企业的需求,对学生加以正确引导,不要让学生将时间浪费在考取无用的证书上。

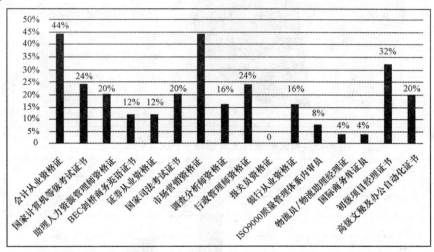

图3-44 哪些证书对工商管理专业的学生比较重要

(9)用人单位对工商管理专业人才的需求层次(图3-45)。企业对工商管理专业人才的需求层次大多是中高级,这就要求学生必须具备较强的能力,学校必须培养多层次的复合型人才,才能满足企业的需求。

(10)用人单位对工商管理专业员工招聘的主要途径(图3-46)。用人单位对工商管理专业员工招聘的三种主要途径为校园招聘会、网络招聘、人才市场,分别占比80%、60%、52%。因此,青岛科技大学应加强对企业的吸引力,多提供校园招聘会,为学生的就业提供更好的机会。

3.3.3 用人单位对工商管理专业学生实践能力的模糊综合评价分析

(1)模糊综合评价法的实现过程(图3-47)。依据模糊综合评价法,对问卷调查收集到的数据整理、归类和分析,利用专家打分法给表3-3中的三级指标赋权,对青岛科技大学工商管理专业毕业生实践能力进行评价。对于能力层级各要素的数据调查,根据专家打分法,得到一级指标的权重为:0.3(基础能力),0.4(专业技能),0.3(解决问题的综合能力)。各级能力模块的具体能力要素及其权重在表3-3中得到体现。对各个评价等级的评分如下:

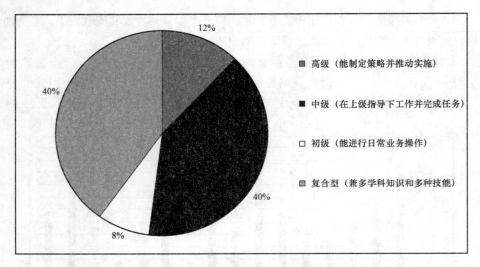

图 3-45 用人单位对工商管理专业人才的需求层次

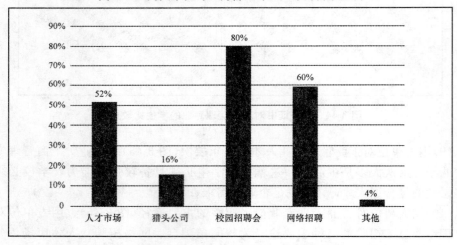

图 3-46 用人单位对工商管理专业员工招聘的主要途径

1=完全不符合；
2=不太符合；
3=基本符合；
4=比较符合；
5=完全符合。
所以评定集的数值化结果 $S=(1,2,3,4,5)$

根据调查问卷中能力细分指标的统计结果，经分析计算得到综合评价结果（该隶属度是能力要素统计结果占总人数的比重，即以具体能力要素体现各评价等级下的数值除以有效问卷数量），具体如表 3-3 所示。

第3章 工商管理专业人才实践能力培养的社会需求调查与分析评价

表 3-3 青岛科技大学工商管理专业实践教学效果综合评价调查

评价系统（一级指标）	权重	评价项目（二级指标）	权重	观测点（三级指标）	权重	1	2	3	4	5
A1 基础能力模块	0.3	A11 表达沟通能力	0.1	能够很好地用语言表达自己的思想，与人沟通无障碍	0.5	0.00	0.04	0.32	0.44	0.20
				能够在大众面前自如演讲	0.3	0.00	0.16	0.28	0.44	0.12
				能够很好地应对社会上的招聘面谈，应聘成功率高	0.2	0.00	0.04	0.36	0.56	0.04
		A12 信息收集能力	0.1	能够用互联网进行文献资料的检索查询	0.3	0.00	0.04	0.24	0.64	0.08
				会用学校电子图书馆学术期刊数据库查阅学术文献	0.2	0.00	0.16	0.24	0.52	0.08
				能够在有关外文网站查阅外文资料	0.1	0.00	0.36	0.44	0.20	0.00
				能够对信息进行筛选和处理，整理和编辑信息资料	0.4	0.00	0.08	0.28	0.52	0.12
		A13 调查研究能力	0.12	能够进行调查问卷和量表的设计	0.2	0.00	0.08	0.20	0.64	0.08
				能够根据抽样调查和统计原理进行科学的抽样调查	0.2	0.00	0.12	0.40	0.44	0.04
				掌握数据统计分析的基本方法，能用有关软件进行统计数据分析	0.3	0.00	0.20	0.24	0.56	0.00
				会网络和访谈调查	0.05	0.00	0.12	0.32	0.52	0.04
				能够根据调查结果进行问题的总结分析	0.2	0.00	0.083 3	0.333 3	0.50	0.083 3
				能够撰写形式、内容规范的调研报告	0.05	0.00	0.08	0.28	0.52	0.12
		A14 公文撰写能力	0.12	能够撰写一般性的公务文书，包括请示、报告、指示、批复、通知、通报、决定、函件、会议纪要等	1	0.00	0.16	0.28	0.44	0.12

续表

评价系统（一级指标）	权重	评价项目（二级指标）	权重	观测点（三级指标）	权重	1	2	3	4	5
A1 基础能力模块	0.3	A15 基本外语能力	0.12	能够用外语进行日常交流	0.5	0.04	0.24	0.48	0.24	0.00
				能翻译一般外文资料	0.3	0.04	0.32	0.48	0.16	0.00
				能撰写基本的外文文书	0.2	0.16	0.40	0.32	0.12	0.00
		A16 办公软件操作能力	0.1	能够熟练地使用电脑，进行电脑软硬件的日常维护	0.2	0.04	0.12	0.24	0.56	0.04
				能够熟练使用 Word、PPT、Excel、PDF 等办公软件	0.5	0.00	0.08	0.24	0.44	0.24
				会使用 Visio、Project、Photoshop 等专业软件	0.3	0.12	0.44	0.24	0.12	0.08
		A17 团队合作能力	0.11	在校期间经常以团队的形式完成特定的任务和目标	0.2	0.00	0.08	0.20	0.52	0.20
				具有较好的团队合作意识	0.3	0.00	0.08	0.12	0.60	0.20
				善于协调团队成员间关系	0.3	0.00	0.08	0.16	0.68	0.08
				能够顺利解决团队合作中出现的冲突	0.2	0.00	0.12	0.20	0.64	0.04
		A18 环境适应能力	0.12	能迅速适应新环境，与周围的新人能够很快熟悉起来	0.3	0.00	0.083 3	0.458 3	0.458 3	0.291 7
				具有较强的心理调节能力	0.3	0.00	0.08	0.32	0.48	0.12
				具有较好的社交能力和处世能力，具有良好的人际关系	0.4	0.00	0.04	0.20	0.64	0.12
		A19 知识学习能力	0.11	对新事物和新知识常常具有很强的好奇心和兴趣	0.4	0.00	0.04	0.20	0.64	0.12
				能快速高效地学习并掌握课堂内外的新知识	0.4	0.00	0.04	0.24	0.56	0.16
				能够轻松顺利地通过各门课程的考试，以及各种技能性等级考试	0.2	0.00	0.12	0.12	0.56	0.20

第3章 工商管理专业人才实践能力培养的社会需求调查与分析评价

续表

评价项目一级	权重	评价项目二级	权重	观测点(三级指标)	权重	1	2	3	4	5
A2 专业技能模块	0.4	A21 人力资源管理能力	0.12	掌握人力资源管理一般流程，能够制定人力资源规划	0.4	0.04	0.20	0.40	0.32	0.04
				会进行工作分析，制作工作岗位说明书	0.3	0.04	0.12	0.48	0.28	0.08
				能够进行常用的薪酬体系和绩效管理体系的设计	0.3	0.043 5	0.217 4	0.347 8	0.347 8	0.043 5
		A22 财务报表编制审阅能力		能审阅分析财务报表	0.4	0.04	0.24	0.32		
					0.2			0.48		
					0.4			0.36		
		A23 市场营销能力	0.12		0.3	0.04	0.08	0.48		
						0.00	0.125	0.375	0.458	0.041 7
						0.00	0.24	0.32	0.40	0.04
					0.1	0.00	0.24	0.44	0.16	0.16
					0.1	0.00	0.32	0.28	0.36	0.04
					0.2	0.00	0.24	0.36	0.36	0.04
		A24 商务谈判能力	0.1		0.3	0.00	0.12	0.44	0.32	0.12
				掌握商务谈判技巧	0.4	0.00	0.28	0.24	0.44	0.04
				能够起草商务合同	0.3	0.08	0.40	0.24	0.24	0.04
		A25 项目策划与投资分析能力	0.1	能撰写项目可行性研究报告、项目评价报告	0.5	0.04	0.32	0.32	0.24	0.08
				会撰写项目策划书	0.3	0.04	0.32	0.32	0.32	0.08
				能够编制项目实施的进度、资源、费用计划	0.2	0.00	0.32	0.24		
		A26 商务英语能力	0.08	会常见的商务英语词汇	0.2	0.00	0.40	0.36		
				能进行商务英语听说	0.5	0.04	0.40	0.36		
				能处理日常外贸商务函电	0.3	0.12	0.48	0.16		

续表

评价系统（一级指标）	权重	评价项目（二级指标）	权重	观测点（三级指标）	权重	1	2	3	4	5
A2 专业技能模块	0.4	A27 经济分析与预测能力	0.08	能熟练运用 SPSS 软件工具进行回归分析预测和时间序列预测等	1	0.12	0.52	0.12	0.24	0.00
		A28 生产运作规划能力	0.08	能进行企业生产选址优化	0.5	0.00	0.52	0.24	0.24	0.00
				会进行生产计划与排程	0.2	0.04	0.40	0.24	0.28	0.04
				会优化设计生产系统	0.3	0.08	0.44	0.16	0.28	0.04
		A29 组织与流程设计能力	0.08	能够根据组织的性质设计组织架构，绘制组织结构图	0.5	0.00	0.32	0.40	0.20	0.08
				能够设计各种职能部门的工作流程，绘制工作流程图	0.3	0.00	0.28	0.40	0.24	0.08
				能够对工作流程进行分析与优化	0.2	0.00	0.36	0.36	0.20	0.08
		A210 战略规划分析能力	0.08	能够在调查研究和战略分析的基础上，为一个具体企业制定详细的战略规划	0.5	0.00	0.25	0.416 7	0.291 7	0.041 7
				能够针对具体企业，熟练使用 PEST、五力模型、SWOT、波士顿矩阵等工具和方法进行战略分析	0.5	0.00	0.40	0.32	0.24	0.04
		A211 国际贸易和证券投资实务操作能力	0.03	能够熟练进行国际贸易业务各种实际操作	0.6	0.12	0.40	0.24	0.24	0.00
				会证券投资主要技术指标的计算和分析	0.4	0.12	0.40	0.32	0.16	0.00
		A212 管理信息系统操作与开发能力	0.05	能设计数据库，进行数据统计和报表制作，能熟练掌握程序设计并能解决实际管理问题	0.2	0.12	0.32	0.40	0.16	0.00
				能够开发简单的数据库应用系统	0.1	0.16	0.40	0.28	0.16	0.00
				能够熟练操作使用管理信息系统	0.3	0.04	0.32	0.36	0.28	0.00
				能设计 ERP 子系统流程	0.1	0.16	0.40	0.20	0.24	0.00
				掌握开发、维护 MIS 的基本技能	0.3	0.166 7	0.50	0.125	0.208 3	0.00

第3章 工商管理专业人才实践能力培养的社会需求调查与分析评价

续表

评价系统（一级指标）	权重	评价项目（二级指标）	权重	观测点（三级指标）	权重	1	2	3	4	5
A3 解决问题的综合能力模块	0.3	A31 创业能力	0.25	具有较强的成功愿望和获得权力的愿望，自主性强	0.1	0.00	0.08	0.24	0.56	0.12
				具有敏锐的市场洞察力、创造力和适应能力	0.2	0.00	0.083 3	0.375	0.416 7	0.125
				自信、具有强烈的社交意识，愿意寻求与他人合作，责任意识强	0.2	0.00	0.08	0.28	0.40	0.24
				有很强的忍耐力、心理承受能力，能承担风险	0.2	0.00	0.16	0.24	0.36	0.24
				在校期间办过小型创业	0.3	0.00	0.16	0.28	0.36	0.20
		A32 创新能力	0.15	具有勇于冒险、开拓进取的创新意识	0.3	0.00	0.12	0.32	0.48	0.08
				常产生创新思维	0.5	0.00	0.130 4	0.304 3	0.391 3	0.173 9
				在校期间获得过创新方面的成果奖励	0.2	0.04	0.32	0.28	0.28	0.08
		A33 战略思考能力	0.15	与他人相比，更具备前瞻性战略眼光	0.3	0.00	0.12	0.36	0.44	0.08
				与他人相比，能够更加系统全面地思考问题	0.4	0.00	0.16	0.24	0.48	0.12
				与其他人相比，做事更有谋略和智慧	0.3	0.00	0.16	0.24	0.44	0.16
		A34 领导组织能力	0.2	有较高个人威信	0.1	0.00	0.24	0.28	0.36	0.12
				有较强的控制力和影响力	0.1	0.00	0.166 7	0.291 7	0.375	0.166 7
				善于激励、指挥、组织他人实现目标	0.3	0.00	0.125	0.291 7	0.458 3	0.125
				能够积极获取、平衡、利用各种资源	0.2	0.00	0.16	0.24	0.44	0.16
				善于解决组织冲突、处理人际关系	0.3	0.00	0.173 9	0.304 3	0.391 3	0.130 4

续表

评价系统（一级指标）	权重	评价项目（二级指标）	权重	观测点（三级指标）	权重	1	2	3	4	5
A3 解决问题的综合能力模块	0.3	A35 决策应变能力	0.25	能够正确理解出现的问题，做出有效的判断和决策	0.3	0.00	0.08	0.32	0.40	0.20
				对事物的发展规律有预见性，善于把握机遇	0.4	0.00	0.083 3	0.291 7	0.458 3	0.166 7
				面对突发事件沉着冷静，快速反应解决问题	0.3	0.00	0.08	0.28	0.48	0.16

综合评价的计算步骤如下：

①以"表达沟通能力"为例，对第三级因素集（观测点）进行综合评价。

$A11 = (0.5 \quad 0.3 \quad 0.2)$

$$R11 = \begin{pmatrix} 0.00 & 0.04 & 0.32 & 0.44 & 0.20 \\ 0.00 & 0.16 & 0.28 & 0.44 & 0.12 \\ 0.00 & 0.04 & 0.36 & 0.56 & 0.04 \end{pmatrix}$$

$B11 = A11 \times R11 = (0.1 \quad 0.056 \quad 0.176 \quad 0.404 \quad 0.264)$

同理计算

$B12 = (0 \quad 0.112 \quad 0.276 \quad 0.524 \quad 0.088)$

$B13 = (0 \quad 0.126\ 66 \quad 0.288\ 66 \quad 0.536 \quad 0.048\ 66)$

$B14 = (0 \quad 0.16 \quad 0.28 \quad 0.44 \quad 0.12)$

$B15 = (0.064 \quad 0.296 \quad 0.448 \quad 0.192 \quad 0)$

$B16 = (0.044 \quad 0.196 \quad 0.24 \quad 0.368 \quad 0.152)$

$B17 = (0 \quad 0.088 \quad 0.164 \quad 0.616 \quad 0.132)$

$B18 = (0 \quad 0.064\ 99 \quad 0.313\ 49 \quad 0.537\ 49 \quad 0.171\ 51)$

$B19 = (0 \quad 0.056 \quad 0.2 \quad 0.592 \quad 0.152)$

②对第二级因素集即评价项目进行综合评价。

$A1 = (0.1 \quad 0.1 \quad 0.12 \quad 0.12 \quad 0.1 \quad 0.11 \quad 0.12 \quad 0.11)$

根据步骤①得到

第3章 工商管理专业人才实践能力培养的社会需求调查与分析评价

$$R1 = \begin{bmatrix} 0.1 & 0.056 & 0.176 & 0.404 & 0.264 \\ 0 & 0.112 & 0.276 & 0.524 & 0.088 \\ 0 & 0.126\ 66 & 0.288\ 66 & 0.536 & 0.048\ 66 \\ 0.016 & 0.28 & 0.44 & 0.12 & \\ 0.064 & 0.296 & 0.448 & 0.192 & 0 \\ 0.044 & 0.196 & 0.24 & 0.368 & 0.152 \\ 0 & 0.088 & 0.164 & 0.616 & 0.132 \\ 0 & 0.064\ 99 & 0.313\ 49 & 0.537\ 49 & 0.171\ 51 \\ 0 & 0.056 & 0.2 & 0.592 & 0.152 \end{bmatrix}$$

$B1 = A1 \times R1 = (0.022\ 0\quad 80.129\ 958\quad 0.268\ 858\quad 0.467\ 138\ 8\quad 0.122\ 460\ 4)$

结合上述两个步骤得到

$$R2 = \begin{bmatrix} 0.041\ 05 & 0.181\ 22 & 0.408\ 34 & 0.316\ 34 & 0.053\ 05 \\ 0.056 & 0.272 & 0.368 & 0.208 & 0.096 \\ 0 & 0.177 & 0.395 & 0.351\ 66 & 0.076\ 34 \\ 0.024 & 0.268 & 0.3 & 0.344 & 0.064 \\ 0.032 & 0.32 & 0.28 & 0.288 & 0.08 \\ 0.056 & 0.424 & 0.3 & 0.192 & 0.028 \\ 0.12 & 0.52 & 0.12 & 0.24 & 0 \\ 0.032 & 0.472 & 0.216 & 0.26 & 0.02 \\ 0 & 0.316 & 0.392 & 0.212 & 0.8 \\ 0 & 0.325 & 0.368\ 35 & 0.265\ 85 & 0.040\ 85 \\ 0.12 & 0.4 & 0.272 & 0.208 & 0 \\ 0.118\ 01 & 0.39 & 0.273\ 5 & 0.218\ 49 & 0 \end{bmatrix}$$

$$R3 = \begin{bmatrix} 0 & 0.120\ 66 & 0.287 & 0.399\ 34 & 0.193 \\ 0.008 & 0.165\ 2 & 0.304\ 15 & 0.395\ 65 & 0.126\ 95 \\ 0 & 0.148 & 0.276 & 0.456 & 0.12 \\ 0 & 0.162\ 34 & 0.283\ 97 & 0.416\ 38 & 0.137\ 29 \\ 0 & 0.081\ 32 & 0.296\ 68 & 0.447\ 32 & 0.174\ 68 \end{bmatrix}$$

$B2 = A2 \times R2 = (0.041\ 146\ 5\quad 0.319\ 606\ 4\quad 0.317\ 383\ 8\quad 0.270\ 752\ 5\quad 0.051\ 114\ 8)$

$B3 = A3 \times R3 = (0.001\ 2\quad 0.129\ 94\ 3\quad 0.289\ 736\ 5\quad 0.422\ 688\ 5\quad 0.156\ 420\ 5)$

③对第一级因素即评价系统进行综合评价。

$A = (0.3\quad 0.4\quad 0.3)$

根据步骤②得到

$$R = \begin{bmatrix} 0.022\ 08 & 0.129\ 958 & 0.268\ 858 & 0.467\ 138\ 8 & 0.122\ 460\ 4 \\ 0.041\ 146\ 5 & 0.319\ 606\ 4 & 0.317\ 383\ 8 & 0.270\ 752\ 5 & 0.051\ 114\ 8 \\ 0.001\ 2 & 0.129\ 943 & 0.289\ 736\ 5 & 0.422\ 688\ 5 & 0.156\ 420\ 5 \end{bmatrix}$$

则 $B = A \times R = (0.023\,442\,6 \quad 0.205\,812\,86 \quad 0.294\,531\,87 \quad 0.375\,249\,19 \quad 0.104\,110\,19)$

④计算最终评价值

$$S = (1, 2, 3, 4, 5)^T$$

所以综合评分 $V = B \times S = 3.340\,211\,64$

根据评定集的数值化结果 $S = (1, 2, 3, 4, 5)$，其中3代表基本符合标准，说明企业管理者对青岛科技大学工商管理专业毕业生的实践能力效果评价基本满意。其中，根据综合得分法得到，"B-S-P"能力层级的得分矩阵

$$W = R \times S = \begin{bmatrix} 3.569\,427\,2 \\ 2.971\,094\,7 \\ 3.603\,152 \end{bmatrix}$$

所以基础能力总得分为3.569 427 2，专业技能总得分为2.971 094 7，解决问题的综合能力总得分为3.603 152。说明解决问题的综合能力得分高于基础能力得分，专业技能得分最低。根据综合评分法，能得到"B-S-P"能力层级的具体能力得分。

从图3-47中基础能力层级(B)各个能力指标得分可以看出，只有基本外语能力得分低于3分，说明工商管理专业毕业生需加强自己的外语能力，且实践教学需注重对该能力的培养。其中，环境适应能力最强，得分在4分以上，团队合作、表达沟通、信息收集、公文撰写、调查研究能力、办公软件操作得分依次降低，但均大于3分。

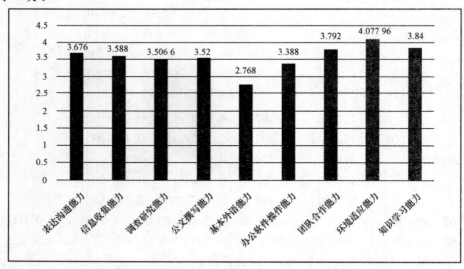

图 3-47　基础能力层级(B)指标得分的样本统计特征

专业技能层级(S)中各能力指标得分(图3-48)表明，相较于基础能力而言，专业技能掌握一般，不如基础能力。经济分析与预测能力、国际贸易和证券投资实务操作能力、管理信息系统操作与开发、商务英语、生产运作规划能力得分均低

第3章 工商管理专业人才实践能力培养的社会需求调查与分析评价

于3分,其中经济分析与预测能力得分最低,市场营销能力相对较高,其余能力相对较好。

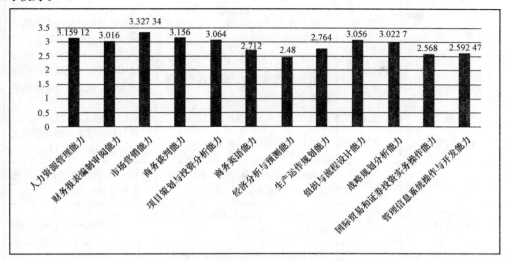

图3-48 专业技能层级(S)指标得分的样本统计特征

解决问题的综合能力层级(P)中各能力指标得分(图3-49)表明,学生解决问题的综合能力水平较高,得分都在3分以上,其中学生的创新能力得分最低,决策应变能力得分最高,组织领导能力、战略思考能力都需要提高。

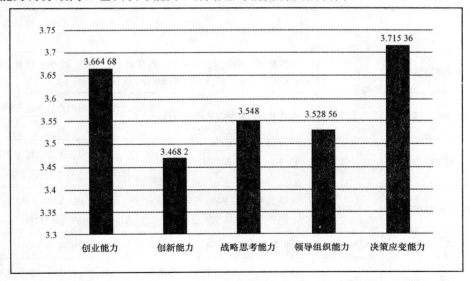

图3-49 解决问题的综合能力层级(P)指标得分的样本统计特征

(2)所有能力得分由高到低分布如表3-4所示。

表 3-4　青岛科技大学工商管理专业人才实践能力比较表

能力	得分	优势	劣势
环境适应能力	4.077 96	能迅速适应新环境，与周围的新人能够很快熟悉起来	具有较好的社交能力和处世能力，具有良好的人际关系
知识学习能力	3.84	对新事物和新知识常常具有很强的好奇心和兴趣	能够轻松顺利地通过各门课程的考试，以及各种技能性等级考试
团队合作能力	3.792	具有较好的团队合作意识	在校期间经常以团队的形式完成特定的任务和目标
决策应变能力	3.715 36	能够正确理解出现的问题，做出有效的判断和决策	对事物的发展规律有预见性，善于把握机遇
表达沟通能力	3.676		
创业能力	3.664 68		
信息收集能力	3.588		
战略思考能力	3.548		与他人相比，更具备前瞻性战略眼光
领导组织能力	3.528 56		善于激励、指挥、组织他人实现目标
公文撰写能力	3.52		
调查研究能力	3.506 6		
创新能力	3.468 2		在校期间获得过创新方面的成果奖励
办公软件操作能力	3.388		会使用 Visio、Project、Photoshop 等专业软件
市场营销能力	3.327 34	会市场趋势预测分析	能撰写营销策划方案
人力资源管理能力	3.159 12	会进行工作分析，制作工作岗位说明书	能够进行常用的薪酬体系和绩效管理体系的设计
商务谈判能力	3.156	熟悉常见的商务术语和商务礼节	掌握商务谈判技巧

第3章 工商管理专业人才实践能力培养的社会需求调查与分析评价

续表

能力	得分	优势	劣势
项目策划与投资分析能力	3.064	能撰写项目可行性研究报告、项目评价报告	会撰写项目策划书
组织与流程设计能力	3.056	能够对工作流程进行分析与优化	能够根据组织的性质设计组织架构,绘制组织结构图
战略规划分析能力	3.0227	能够针对具体企业,熟练使用PEST、五力模型、SWOT、波士顿矩阵等工具和方法进行战略分析	能够在调查研究和战略分析的基础上,为一个具体企业制定详细的战略规划
财务报表编制审阅能力	3.016	能审阅分析财务报表	会编制主要财务报表
基本外语能力	2.768	能翻译一般外文资料	能够用外语进行日常交流
生产运作规划能力	2.764	会进行生产计划与排程	能进行企业生产选址优化
商务英语能力	2.712	会常见的商务英语词汇	能进行商务英语听说
管理信息系统操作与开发能力	2.59247	能设计数据库,进行数据统计和报表制作,能熟练掌握程序设计并能解决实际管理问题	能设计ERP子系统流程
国际贸易和证券投资实务操作能力	2.568	会证券投资的主要技术指标计算和分析	能够熟练进行国际贸易业务各种实际操作
经济分析与预测能力	2.48	能熟练运用SPSS软件工具进行回归分析预测和时间序列预测等	

3.4 社会需求与能力培养的对比分析

能力要素评价对比见表3-5。

表3-5 能力要素评价对比

基础能力要素	
环境适应能力	
知识学习能力	
团队合作能力	
表达沟通能力	
信息收集能力	
公文撰写能力	
调查研究	

续表

基础能力要素	企业评价得分	毕业生自我评价得分
办公软件操作能力	3.388	3.78
基本外语能力	2.768	2.65
专业技能要素	企业评价得分	毕业生自我评价得分
市场营销能力	3.327 34	3.3
人力资源管理能力	3.159 12	3.42
商务谈判能力	3.156	3.43
项目策划与投资分析能力	3.064	3.31
组织与流程设计能力	3.056	3.42
战略规划分析能力	3.022 7	3.13
财务报表编制审阅能力	3.016	3.02
生产运作规划能力	2.764	2.68
商务英语能力	2.712	2.7
管理信息系统操作与开发能力	2.592 47	2.7
国际贸易和证券投资实务操作能力	2.568	2.54
经济分析与预测能力	2.48	2.36
解决问题的综合能力要素	企业评价得分	毕业生自我评价得分
决策应变能力	3.715 36	3.77
创业能力	3.664 68	3.4
战略思考能力	3.548	3.57
领导组织能力	3.528 56	3.7
创新能力	3.468 2	3.22

首先，无论是从企业评价，还是从毕业生自我评价来看，青岛科技大学工商管理专业实践教学的培养效果都是显著的，都对此给予了充分肯定。

其次，通过对企业进行调查，发现企业对以下几个方面的能力要求较多，基础能力方面主要包括基本外语能力、团队合作能力、办公软件操作能力；专业技能方面主要包括市场营销能力、商务谈判能力、人力资源管理能力；解决问题的综合能力方面主要包括创新能力、创业能力、领导组织能力。而对于这九项能力而言，基础能力中的基本外语能力最差，毕业生自我评价得分为2.65，企业评价得分为2.768，远远低于综合得分，说明应加强学生基本外语能力的训练和培养。而对知识学习能力与团队合作能力无论是企业评价还是毕业生自我评价都比较高，说明毕业生在知识学习和团队合作方面具有优势，但对团队合作能力毕业生自我评价比企业评价稍高，应查找原因进一步提升企业满意度。专业技能与解决问题的综合能力中的三项能力得分较高，而且毕业生自我评价均略高于企业评价，所

第3章 工商管理专业人才实践能力培养的社会需求调查与分析评价

以毕业生应进一步发展提升各项能力以达到企业要求。

最后，综合分析所有能力可以看出，无论是企业还是毕业生个人，评价较高的能力为环境适应能力、知识学习能力与团队合作能力，最高的是环境适应能力，说明青岛科技大学工商管理专业实践教学体系对环境适应能力的培养到位，学生的学习效果较好。而评价得分相对较低的为经济分析与预测能力、国际贸易和证券投资实务操作能力、管理信息系统操作与开发能力、生产运作规划能力、商务英语能力，最低的为经济分析与预测能力，说明青岛科技大学工商管理专业实践教学体系中的专业技能教学不达标，学生学习效果较差。企业能力评价中低于综合得分的能力共有13项，毕业生自我评价中低于综合得分的能力共有12项，不同的地方在于，企业对学生的创业能力与创新能力给予相对较高的分数，而对人力资源管理能力、商务谈判能力、组织与流程设计能力给予相对较低的分数，但其中的10项能力得分都是相同的，学校应着重加强对大学生这些能力的培养。

第 4 章 工商管理专业本科生实践能力培养：在校师生的调查与分析评价

4.1 工商管理专业在校学生实践能力培养状况的调查与分析评价

本章的调查问卷为《青岛科技大学工商管理专业本科生实践能力培养》，调查的目的在于了解各年级学生对学校教学方案和人才培养的感受和建议，得到的汇总结果可以直接反映青岛科技大学工商管理专业学生实践能力的培养情况。调查时间为 2017 年 2 月 10 日至 2017 年 3 月 5 日。本次共发放调查问卷 172 份，回收问卷 132 份，回收率为 76.744%。

4.1.1 调查目的

本次问卷调查旨在了解大一、大三和大四年级对于工商管理专业实践能力三个模块(基础能力、专业技能、解决问题的综合能力)的自我评价情况，进而分析大一、大三和大四年级工商管理专业学生的实践能力培养情况，从而真实地反映出现有教学体系的教学效果和教师的教学水平，最终为完善青岛科技大学工商管理专业的实践教学体系打好基础。

4.1.2 调查对象

调查对象为青岛科技大学工商管理专业本科应届毕业生(大四)、工商管理专业本科大一和大三在校生。

4.1.3 调查内容

关于青岛科技大学工商管理专业学生实践能力的自我评价的调查问卷共分三大部分。

(1)基础能力模块评价：表达沟通能力、信息收集能力、调查研究能力、基础外语能力、办公软件操作能力、团队合作能力、环境适应能力、知识学习能力。

(2)专业技能模块评价：人力资源管理能力、财务报表编制审阅能力、市场

第4章 工商管理专业本科生实践能力培养：在校师生的调查与分析评价

销能力、商务谈判能力、项目策划与投资分析能力、商务英语能力、经济分析与预测能力、生产运作规划能力、组织与流程设计能力、战略规划分析能力、国际贸易和证券投资实务操作能力、管理信息系统操作与开发能力。

（3）解决问题的综合能力模块评价：创业能力、创新能力、战略思考能力、领导组织能力、决策应变能力。

4.1.4 工商管理专业本科实践能力培养问卷调查的统计分析

本次问卷调查的目的是通过比较大一、大三和大四学生的调查结果，分析青岛科技大学工商管理专业的实践能力教学体系对于该专业学生的能力培养是否有效。第1~9题是关于基础能力（Basic ability）模块的考察，第10~21题是关于专业技能（Specialized skills）模块的考察，第22~26题是关于解决问题的综合能力（Problem-solving comprehensive ability）模块的考察。在分析过程中，利用专家打分法，赋予三个一级能力指标权重如下：0.3（基础能力），0.4（专业技能），0.3（解决问题的综合能力）。最终的统计结果是将实践能力的考察共分为五个等级，所对应的分值分别为：1＝完全不符合；2＝不太符合；3＝基本符合；4＝比较符合；5＝完全符合。将大一、大三和大四年级学生的三个能力层级、26个分解能力进行比较分析。

（1）表达沟通能力（图4-1）。在表达沟通能力方面，整体来说大一学生的得分（平均分3.390 1）要高于大三学生和大四学生的得分（平均分分别为3.080 8和3.389）。原因可能是大一新生刚结束高考不久，基础知识的储备和丰富的交流经验还未消磨。就第一项"能够很好地用语言表达自己的思想，与人沟通无障碍"来说，大一学生得分最高（4.021 5），大四学生次之（3.777 7），大三

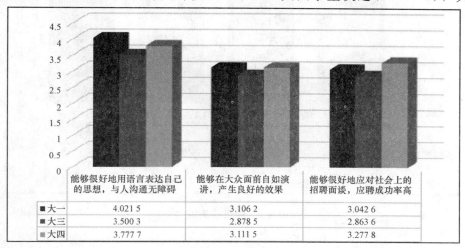

图4-1 表达沟通能力

学生最低(3.500 3)。大一学生刚进入大学有很强烈的沟通需求,希望与同学、老师交流,这段时间他们的表达沟通能力进步是特别快的;对于大四学生来说,由于他们面临就业的压力,而良好的表达沟通能力是重要的就业条件,所以这段时间他们表达沟通能力的提升也是比较明显的;大三学生由于很多人都在准备考研,这段时间他们与外界接触就相对较少,所以他们的表达沟通能力较低也不足为奇。

(2)信息收集能力(图4-2、图4-3)。由图4-3可看出,就整体来说,信息收集能力从高到低依次为大四学生(平均分3.916 6)、大一学生(平均分3.500)、大三学生(平均分3.170 4)。大四学生信息收集能力得分较高与他们面临的就业问题以及撰写毕业论文有关,大一学生比大三学生在这一方面得分稍高可能与他们高考后需要收集各个有关学校的信息有关。例如"能够在有关外文网站查阅外文资料"这一项,大四学生得分最高为3.499 9,大一与大三学生分别为2.957 4和2.651 4。大四学生面临着撰写毕业论文的问题,这也就意味着他们需要从各个网站搜索大量的资料,所以他们的信息收集能力得分较高一些;大一与大三学生在这个方面得分偏低的原因可能是:他们暂时没有形成查阅外文资料的意识,再加上他们自身的问题,例如英语能力偏弱等导致在外文网站查询资料的能力较弱,大一与大三学生得分均没有达到基本平均得分点(3分),这也意味着大一与大三学生在这方面还有很大的提升空间。

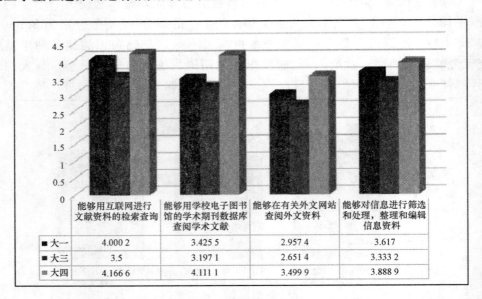

图4-2 信息收集能力

第4章 工商管理专业本科生实践能力培养：在校师生的调查与分析评价

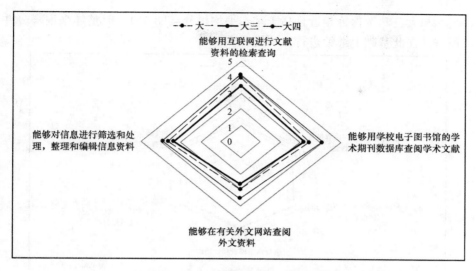

图 4-3 信息收集能力(雷达图)

(3)调查研究能力(图 4-4、图 4-5)。就调查研究能力整体来说，大四学生得分最高(平均分 3.583 3)、能力最强，大一学生(平均分 3.148 9)与大三学生(平均分 3.214 7)相差无几，这一点从图 4-5 就可以很明显地看出来。就"会进行网络调查和访谈调查"这一项来说，大四学生得分为 3.5，大一学生为 3.064 1，大三学生为 3.075 6。与上一能力类似，大四学生在进行毕业论文的设计时，有不少学生会在论文中加入自己的一些实际调查，即第一手资料，不少大四学生需要在这一方面展开专项训练，因此他们的这项能力从图 4-5 可以明显地看出高于大一和大三学

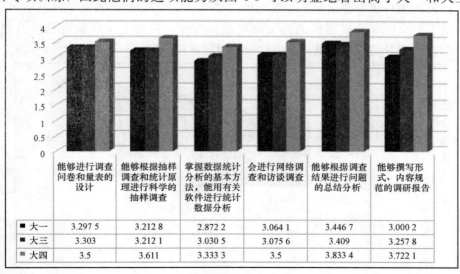

图 4-4 调查研究能力

生。大一与大三学生得分相近且高于基本平均得分点(3分),但整体来说得分并不高,还需要在此基础上继续进行专项提升。

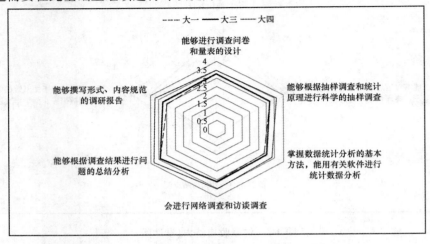

图 4-5　调查研究能力(雷达图)

(4)公文撰写能力(图 4-6)。就公文撰写能力整体来说,大四学生得分最高,为3.166 9,大一与大三学生得分均低于基本平均得分点(3分),分别为2.999 9 与2.712。大四学生的公文撰写能力得分较高,是因为大四学生经过几年的学习撰写过一些文书,再加上一些学生参与过公司实习,这些经验对于提高公文撰写能力还是有比较明显的作用的,而大一与大三学生在这个方面能力偏弱。从整体来看,学生的公文撰写能力普遍偏低,这可能与学生们在学校主要还是学习书本知识有关,对于与企业联系较紧密的公文撰写接触较少,再加上学校没有具体的要求,学生们自主学习的动力不足,所以这项能力就显得偏弱。

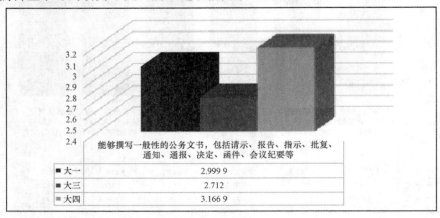

图 4-6　公文撰写能力

第4章 工商管理专业本科生实践能力培养：在校师生的调查与分析评价

(5)基本外语能力(图 4-7)。就基本外语能力整体而言，大四学生得分(平均分 2.777 9)要高于大一学生(平均分 2.517 7)与大三学生(平均分 2.540 4)，大一与大三学生相差无几，但是从图 4-7 也能看到整体都是偏弱的，在基本外语能力的三个分能力上，三个年级的学生得分都低于基本平均得分点(3 分)。这可能与学生们的学习态度以及学习环境有关。很多学生在进入大学后对英语学习兴趣急剧下降，学习英语的动力也不足，再加上在日常生活中与英语接触较少，所以学生的基本外语能力就显得偏弱。同时这一结果也提醒学校要加强对学生的基本外语能力的培养，毕竟很多公司招收员工时，对于基本外语能力还是有一定要求的。

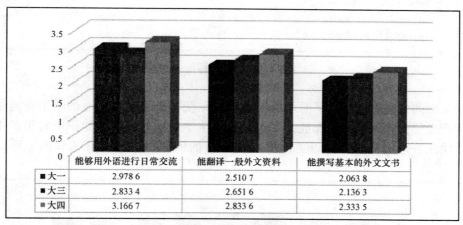

图 4-7 基本外语能力

(6)办公软件操作能力(图 4-8)。就办公软件操作能力整体来说，大四学生得分是最高的(平均分 3.639 8)，其次是大三学生(平均分 3.025 4)，偏低的是大一学生(平均分 2.787 2)。"能够熟练使用 Word、PPT、Excel、PDF 等办公软件"这一项得分，大四学生为 4.222 5，大三学生为 3.303 2，大一学生为 3.021 2。大四学生因为经过大学 4 年的学习以及针对就业能力方面的专项自主学习，在办公软件操作能力方面会明显地高于大一和大三学生。而相对于大一学生，大三学生参加过更多的比赛，这些比赛对于办公软件操作能力的提高是有帮助的，再加上大三学生接受过专业课程的培训以及相应的实习，所以大三学生这一项能力要比大一学生强。

(7)团队合作能力(图 4-9)。三个年级学生的团队合作能力得分都比较高(大一、大三、大四学生平均分分别为 3.808 4、3.443 3、3.791 7)。"具有较好的团队合作意识"这一项得分，大一学生为 4.021 2，大三学生为 3.667，大四学生为 3.999 9。这可能与工商管理专业本身的特点有关。工商管理专业的学生在学习中很多时候都要进行分组分工学习，例如针对一个项目的讨论、设计、管理，针对

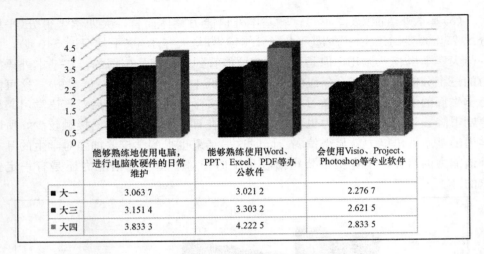

图 4-8 办公软件操作能力

一个案例的分析等。这些平时的学习以及活动使得工商管理专业的学生在潜移默化中产生了良好的团队合作能力,再加上学生平时学习的管理知识中有很多都包含了团队管理的知识,所以工商管理类学生的团队合作能力普遍较高就可以理解了。

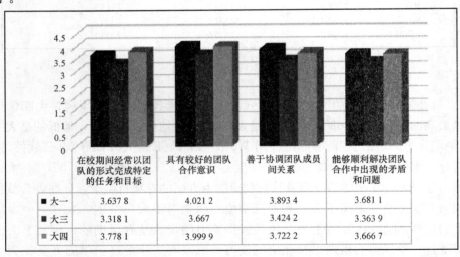

图 4-9 团队合作能力

(8)环境适应能力(图 4-10)。就环境适应能力整体来说,大一学生得分相对较高(平均分 3.801 2),大四学生次之(平均分 3.685 0),大三学生偏低(平均分 3.459 7)。同时三个年级的得分相差不大且均高于基本平均得分点(3 分)。"具有较好的社交能力和处世能力,具有良好的人际关系"这一项得分,大一学生

第4章 工商管理专业本科生实践能力培养：在校师生的调查与分析评价

为3.723 4，大三学生为3.424 5，大四学生为3.666 6。大一学生得分最高可能是因为他们刚刚进入校园，对周围事物有较强的好奇心，渴望与身边的人交流、相互了解，因此促进了大一学生这方面能力的提升；大三学生由于面对考研的压力，许多人都将大多数时间放在学习上，可能对提高社交能力重视不够，因此该项能力偏弱；大四学生因为面临就业问题，有不少人会针对这一方面采取相应的能力训练，因此社交能力得分较高。

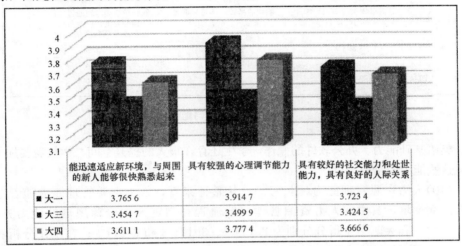

图4-10 环境适应能力

(9)知识学习能力(图4-11)。在知识学习能力方面，整体来说大四学生能力最强(平均分3.814 7)，大一学生次之(平均分3.759 1)，大三学生偏低(平均分3.419 1)。同时，三个年级学生的知识学习能力都不低，从这点可以看出学生们学习知识的态度还是比较端正的。"能快速高效地学习和掌握课堂内外的新知识"这一项得分，大一学生为3.681 1，大三学生为3.424 1，大四学生为3.833 2。大四学生这一项得分最高可能与他们积极准备就业有关，他们需要掌握就业所需的各个方面的知识，因此在此期间的知识学习能力就会得到相应提高。大一学生得分也比较高的原因可能是他们刚进入校园，对于大学的学习生活还保持着较高的积极性，所以对新知识的掌握比较好。大三的学生由于每天的学习生活比较单调，再加上离就业还有一段时间，导致他们在新知识的掌握方面得分相对低一些。

从以上的分析我们可以得出，工商管理专业的学生在基础能力方面得分普遍比较高，这说明学生们的素质还是不错的，但是个别能力，例如公文撰写能力及基本外语能力还是相对较弱。从整体来看，大四学生在基础能力的各个方面得分都要高于大一及大三学生，这说明经过4年的学习，大四学生已经具备了一些基本的实践能力，学校的教育对学生们是有明显的帮助的。针对一些目前不足的地方，如专业软件的掌

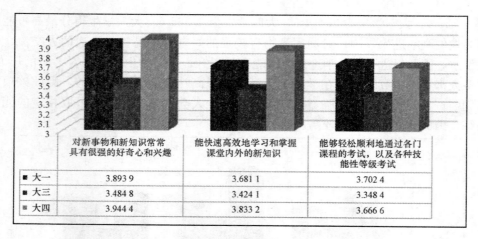

图 4-11　知识学习能力

握、英语基础能力、办公软件的操作，学生还存在很大的提升空间，学校需要加大对学生这些能力的培养力度。

（10）人力资源管理能力（图 4-12）。从整体来看，人力资源管理能力随着年级的升高而递增，其中在人力资源管理一般流程和制定人力资源规划的能力方面，大一、大三和大四学生得分分别为 2.744 6、3.121 8 和 3.277 7；在工作分析和制作岗位说明书的能力方面，得分分别是 2.638、2.969 6 和 3.166 8；在薪酬体系和绩效管理体系的设计能力方面，得分分别是 2.616 7、3.000 3 和 3.000 4。由此可以看出，在人力资源的实践能力培养方面，学校所设置的实践能力培养体系有着显著的效果，随着学习时间的递增，各方面的能力也有所增强，能够基本满足实践培养能力的要求。但人力资源管理能力作为工商管理专业学生的专业技能，应该进一步加强。

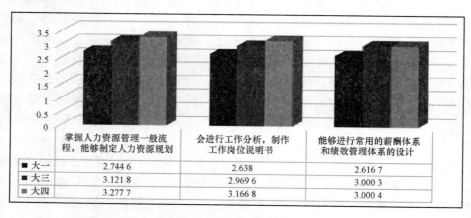

图 4-12　人力资源管理能力

第4章 工商管理专业本科生实践能力培养：在校师生的调查与分析评价

(11)财务报表编制审阅能力(图4-13、图4-14)。大一、大三和大四年级学生随着学习时间的递增，这一能力得到显著的提升。在细分能力中，财务报表审阅和分析能力，大一、大三和大四年级学生分别得分为2.382 9、3.060 5和3.055 5；编制主要财务报表的能力得分分别为2.319 2、3.045 6和3.111 4；关键财务指标计算分析能力得分分别为2.191 5、3.090 9和3.055 8。能力得到提升除了和理论课程设置有关，还跟大三和大四学生具备的基础专业知识，以及在其他相关的实践活动中积累的经验有关。

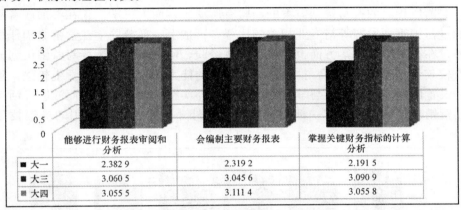

图4-13 财务报表编制审阅能力

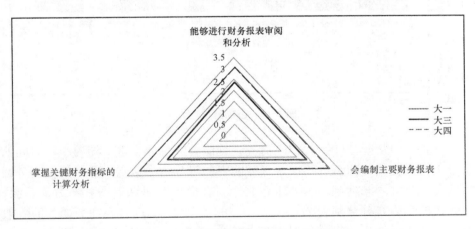

图4-14 财务报表编制审阅能力(雷达图)

(12)市场营销能力(图4-15)。市场营销能力同其他专业技能的变化情况相似，都随着学习时间的增加而有所增强。市场调研能力大一、大三和大四学生的得分分别为2.638 3、3.075 7和3.166 8；市场分析与趋势预测能力得分分别为2.574 6、3.045 8和3.166 8；根据产品制定营销策略的能力得分分别为2.617 2、

3.030 6 和 3.167；电子商务和网络营销基本技能得分分别为 2.447 2、2.833 6 和 3.166 8，此项能力的得分三个年级相差较大，是因为课程安排时间不同以及大四学生正面临着毕业，需进行应聘和面试，而现今大多数企业或多或少都有电子商务等信息化的工作部门，所以大四学生顺应社会的要求增强了自己在这方面的实践能力。撰写营销策划方案的能力，大三学生得分最高，为 2.939 3，而大一和大四学生得分分别为 2.404 3 和 2.722 3。这是因为大一学生刚刚入校，没有参加营销大赛等与专业相关的比赛；大四学生面临毕业，随着面试等其他事情的影响，之前所积累的撰写策划方案的经验有所淡忘；而大三学生正在参加或者刚刚参加过营销策划大赛等与专业相关的比赛，再加上一部分同学在学生会担任相关职务，在撰写策划方案方面也积累了一些经验，所以大三学生撰写营销策划方案能力较其他年级学生更强。推销技巧和策略的能力，大三和大四学生较强，除了课程设置的原因以外，还与学生参加许多课外实践活动有关，因而能够灵活运用市场营销理论知识，还有一部分学生因为校外兼职也掌握了常用的推销技巧和策略。

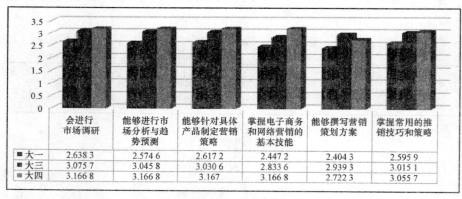

图 4-15 市场营销能力

(13)商务谈判能力(图 4-16)。商务谈判能力从总体来看，随着学习时间的增加得分也有所提高，但是各年级各细分能力的得分均未达到 3 分，可见商务谈判能力的实践培养均未达到基本要求。其中，在商务术语和商务礼节方面，大一、大三和大四学生得分分别为 2.574 8、2.863 9 和 3.055 8；在商务谈判的一般技巧方面，各年级学生的得分分别为 2.425 4、2.682 1 和 2.778 1；起草商务合同的能力是在商务谈判能力中得分最低的一项细分能力，三个年级学生的得分分别为 2.170 3、2.394 和 2.277 9。商务谈判能力是实践性较强的一项专业技能，而学生的掌握情况是最差的，这可能与学校没有设置与商务谈判能力相关的理论课程和实践教学环节有关，没有引起学生足够的重视，学生没有机会得到此方面能力的提升。

第4章 工商管理专业本科生实践能力培养：在校师生的调查与分析评价

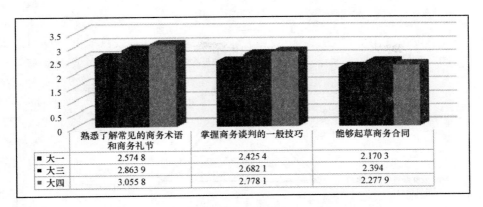

图 4-16 商务谈判能力

(14) 项目策划与投资分析能力（图 4-17、图 4-18）。项目策划与投资分析能力的各个细分能力普遍都随着学习时间的增加而得到不同程度的提升。撰写项目可行性研究报告和项目评价报告的能力，大一、大三和大四学生得分分别为 2.447 2、3.045 4 和 3.388 9；撰写项目策划书能力，大一、大三和大四学生得分分别为 2.382 9、2.954 8、2.833 6，其中大三学生得分最高，可能是因为在大三年级设置了项目管理相关课程以及相关实践教学环节，使大三学生撰写项目策划书的能力相对大一学生有大幅度的提升，但是得分仍然不足 3 分，仍未达到实践能力培养的基本要求，所以在与项目有关的实践教学体系上还需进一步加强，例如可以增加实践教学时间和课程设置多样化。编制项目实施的进度、资源和费用计划的能力，三个年级学生的得分分别为 2.276 8、3.030 6 和 3.222 2，此项细分能力通过课程教学和实践教学有了明显的提升，能够基本满足实践能力培养的要求。

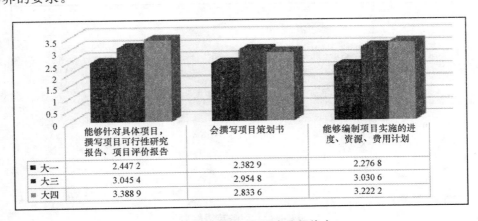

图 4-17 项目策划与投资分析能力

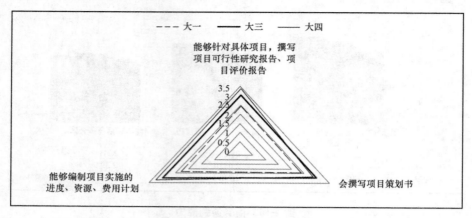

图 4-18 项目策划与投资分析能力(雷达图)

(15)商务英语能力(图 4-19、图 4-20)。商务英语能力是工商管理专业的必备语言技能。从图 4-19 可以看出,商务英语能力是随着学习时间的增长而递增的。其中,对商务英语专用词汇的掌握,大一、大三和大四学生得分分别为 2.340 5、2.818 1 和 3.555 5,可以看出通过课堂理论教学以及实际运用,此项能力有了显著的提升;基本的商务英语听说能力,大一、大三和大四学生的得分分别为 2.319 2、2.712 4 和 3.389 1;处理日常外贸商务函电的能力,大一、大三和大四学生得分分别为 2.128、2.378 9 和 2.722 6,此项能力是商务英语能力中最差的一项细分能力,三个年级的学生均未达到实践能力培养的基本要求。因为学校没有设置专门的处理日常外贸商务函电的课程及实践教学环节,只是零碎地在其他专业课程中涉及极少的相关内容,导致此项能力没有引起工商管理专业学生的重视,所以此方面能力较弱。

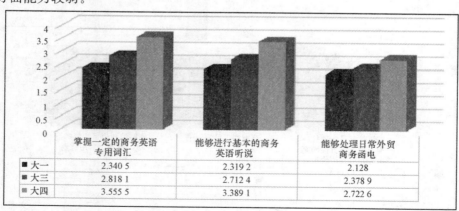

图 4-19 商务英语能力

第 4 章 工商管理专业本科生实践能力培养：在校师生的调查与分析评价

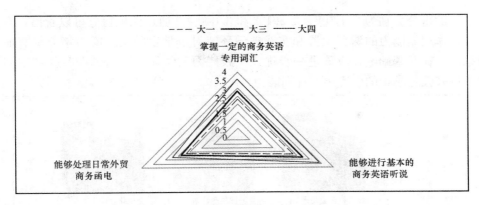

图 4-20 商务英语能力（雷达图）

(16) 经济分析与预测能力（图 4-21）。经济分析与预测能力随着课程和实践教学环节的展开而逐步提升，大一、大三和大四学生的得分分别为 2.000 4、2.363 7 和 2.611 2。经济分析与预测需要用到许多软件工具，更多的是利用工具将各个指标量化，从而做出有效的经济决策，这是一项专业性和技术性都较强的能力。虽然通过各时间段的学习能力有所提升，但是三个年级的学生均未满足实践能力培养的基本要求，所以在课程设计和教学计划方面要进一步改进，通过增加教学课时等方法，维持能力的稳步提升，并在最后达到教学目标，满足实践能力培养的要求。

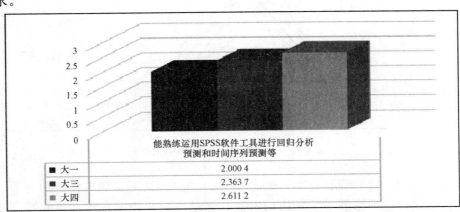

图 4-21 经济分析与预测能力

(17) 生产运作规划能力（图 4-22、图 4-23）。在生产运作规划能力方面，总体上各个细分能力随着学习时间增加和基础专业知识的积累都有显著的提升。其中进行企业生产选址优化的能力，大一、大三和大四学生的得分分别为 2.255 8、2.530 2 和 3.277 8；进行生产计划与排程的能力，大一、大三和大四学生的得分分别为 2.255 1、2.545 5 和 3.111 5；优化设计生产系统的能力，大一、大三和大四学生的得分分别为 2.170 7、2.591 1 和 3.000 4。通过此项得分可以看出，有关生产运作规划能力的课程设置和实践教学环节对于学生的实践能力培养是有显著效果的，在此基础上，应该进一步优化实践能力教学体系，通过在时间和空间上的改进来强化学生的生产运作规划能力。

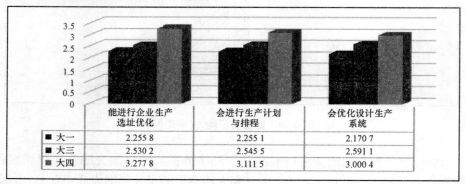

图 4-22　生产运作规划能力

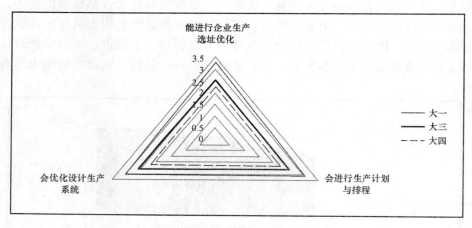

图 4-23　生产运作规划能力（雷达图）

（18）组织与流程设计能力（图 4-24、图 4-25）。从图形的整体趋势来看，组织与流程设计能力随着学生年级的升高、基础专业知识的积累而逐步提高。其中，根据组织的性质设计组织架构、绘制组织结构图的能力，大一、大三和大四学生的得分分别为 2.383、2.969 7 和 3.333 4；设计各种职能部门的工作流程、绘制工作流程图的能力，大一、大三和大四学生的得分分别为 2.340 3、2.969 7、3.222 6；对工作流程进行分析和优化的能力，大一、大三和大四学生的得分分别为 2.319 2、2.969 7、3.277 8。在培养组织与流程设计的能力方面，大一、大三学生均未满足实践能力的要求，大四学生刚刚满足实践能力培养的基本要求，所

第4章 工商管理专业本科生实践能力培养：在校师生的调查与分析评价

以在实践能力教育体系设置上应以效率为目标，尽快满足实践能力培养的基本要求，之后再在学习中进行能力的提高。

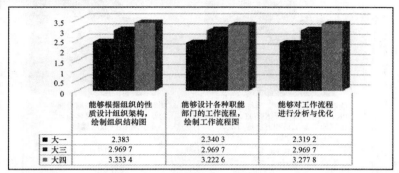

图 4-24　组织与流程设计能力

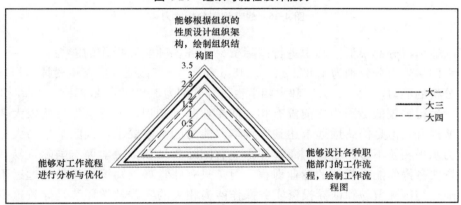

图 4-25　组织与流程设计能力（雷达图）

(19) 战略规划分析能力（图 4-26）。战略规划分析能力从总体来看，大三学生与大一学生相比提升较大，大四学生比大三学生略有提升。其中，能够针对企业熟练运用各种工具和方法进行战略分析的能力，大一、大三和大四学生的得分分别为 2.106 6、3.272 9 和 3.388 8；能够在调查研究和战略分析的基础上，为企业制定详细具体的战略规划的能力，大一、大三和大四学生的得分分别为 2.170 7、2.818 5 和 3.166 7。在分析工具和方法的运用能力方面，大三学生相比大一学生有显著提升，除了与课程设置时间有关以外，大三学生通过大量的模拟经营等实践课程将理论方法运用到实际操作中，也促进了能力的大幅度提升。制定企业战略规划的能力，三个年级的学生得分都较低，因为尽管掌握了方法，但是缺少有关制定战略规划的系统实践。

(20) 国际贸易和证券投资实务操作能力（图 4-27）。从图形上看，国际贸易和证券投资实务操作能力同样随着学习逐步提升，但是具体看数据，三个年级的学

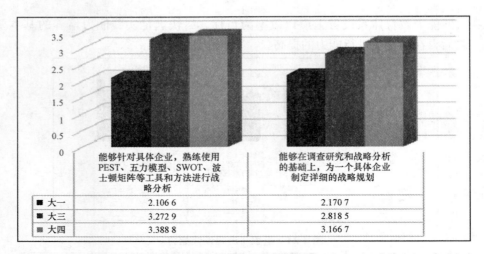

图 4-26 战略规划分析能力

生两项能力得分都很低。其中进行国际贸易业务各种实际操作的能力，大一、大三和大四学生得分分别为 1.872 4、2.545 5 和 2.666 7；证券投资主要技术指标计算和分析的能力，大一、大三和大四学生得分分别为 1.829 8、2.318 2 和 2.333 8。大一学生得分较低是因为之前没有相关的专业基础知识，大三学生虽然较大一学生有所提升，但是仍然远远未达到实践培养能力的基本要求，大四学生与大三学生能力水平相差不多。尽管工商管理专业有国际贸易和金融学等与国际贸易和证券投资实务操作能力相关的专业课程，但是只有课堂理论知识的教学是远远不够的，缺乏与国际贸易和证券投资实务操作能力相关的实践教学环节是导致这一能力得分普遍较低的直接原因。

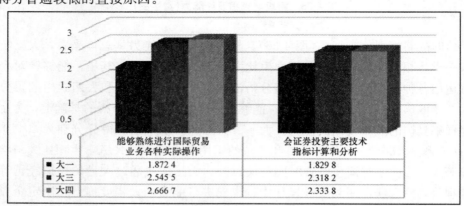

图 4-27 国际贸易和证券投资实务操作能力

(21)管理信息系统操作与开发能力(图 4-28)。管理信息系统操作与开发能力是工商管理专业顺应时代变化的一项专业技能，越来越多的企业运用 ERP、OA 等

第4章 工商管理专业本科生实践能力培养：在校师生的调查与分析评价

进行企业管理，所以此项技能是工商管理专业学生必备的一项硬技能。然而从总体来看，三个年级的学生在各细分能力方面的得分情况不容乐观，除了大四学生其中一项技能能够满足实践培养能力的基本要求，其余的得分均在 3 分以下。其中，设计数据库，进行数据统计和报表制作并能掌握程序设计解决实际管理问题的能力，大一、大三和大四学生得分分别为 2.149 4、2.621 3 和 2.833 6；开发简单的数据库应用系统的能力，大一、大三和大四学生得分分别为 2.085 5、2.621 4 和 2.555 9；操作和使用管理信息系统的能力，大一、大三和大四学生得分分别为 2.234 3、2.515 4 和 3.055 9；设计 ERP 子系统流程的能力，大一、大三和大四学生得分分别为 2.021 1、2.424 7 和 2.833 7；开发、维护 MIS 的基本技能，大一、大三和大四学生得分分别为 1.978 5、2.227 6、2.389。造成各项能力得分较低的原因，除了课程本身的难度等客观因素以外，还与相关课程的实践教学课时数较少有关。一些专业性、综合性强且知识量大的课程，学生很难在短时间内将课本上的理论知识运用到实际操作中，也就没有办法很好地形成管理信息系统操作与开发的专业能力。

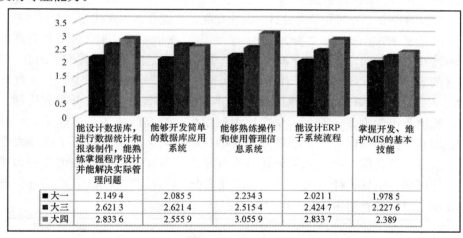

图 4-28 管理信息系统操作与开发能力

专业技能都可以通过合理的课程设计和实践教学环节进行培养和提升。在专业技能模块中的 12 个二级细分能力中，市场营销能力、人力资源管理能力等大多数能力在通过课堂教学和实践教学后均得到显著提升，能够基本满足实践培养能力的要求，但是还应该在此基础上优化实践教学体系和课程设置，以便进一步加强相关的专业实践能力。例如，可以增加实践教学课时，在时间一定的条件下调整理论课与实践课的课时比例，进一步细分专业课，以便学生更好地掌握专业技能等方法。另外，商务谈判能力、国际贸易和证券投资实务操作能力、管理信息系统操作与开发能力得分极低。其中商务谈判能力是因为青岛科技大学工商管理专业没有设置相关的理论课程和实践教学环节，因此没有引起学生的足够重视，从而各年级学生均缺乏商务谈判能力的锻炼,所以建议学校设置与商务谈判能力有关的实践教学环节,系统地培养这项实践性较强的能力。虽然学校设有与国际贸易和证券投资实务操作能力有关的专业课程,但是实务操作也只是在课堂上的理论学习,而且有关证券投资的知识几乎没有涉及,所以建议学校安排国际贸易专业课程的实践教学环节,合理分配理论和实践的课时比例,同时也有必要开设有关证券投资的专业课程及实践环节,让学生更好地学以致用。虽然通过教学管理信息系统操作与开发能力逐步提升,但是仍未达到实践能力培养的基本要求,考虑到与此项能力相关的专业课难度较大,建议在课程设计时能够将一门专业课分解开,进行系统的教学,或者增加理论教学课时和实践教学课时,理论与实践相结合有助于更好地理解较为抽象的知识。总之,专业技能仍然需要通过不断地调整实践教学体系来进行提升,从而达到实践能力培养要求。

(22)创业能力(图 4-29)。从图 4-29 分析可知,创业能力整体最强的是大四学生,其次是大一学生,相对较弱的是大三学生。其中"自信、具有强烈的社交意识,愿意寻求与他人合作,责任意识强"一项,大四学生得分最高(3.722 2 分),这可能是因为大四学生即将毕业,大部分学生希望扩大社交圈,从而获得更多就业、考研等相关信息。其次是大一学生(3.298 2 分),大一学生比大三学生(3.091 2 分)分数高的原因,可能是初入校园,对一切充满好奇心,会主动结交新友,注重与人合作。"具有很强的忍耐力、心理承受能力和承担风险的能力"一项,大四学生分数最高(3.666 7 分),这很好理解,他们毕竟作为本科最高年级的学生,学习和生活经历相对比其他年级学生多;而大一学生比大三学生分数高的原因,可能是大一新生刚刚经历高三这特殊的一年,心理上承受的比较多,大三学生经历了 3 年大学生活,有所放松。其他三项的原因分析也不外乎以上所说的内容,在创业能力的培养上,建议多多引导、鼓励大二、大三学生参加"创青春""挑战杯"或者其他有利于创业能力培养的竞赛活动。

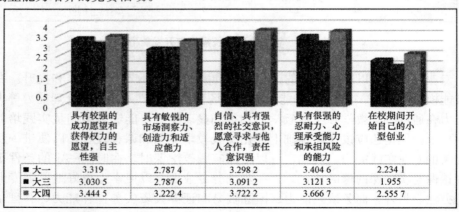

图 4-29 创业能力

第4章 工商管理专业本科生实践能力培养：在校师生的调查与分析评价

(23)创新能力(图 4-30、图 4-31)。从整体而言，大四学生的创新能力得分最高，其次是大一学生，最后是大三学生。在"具有勇于冒险、开拓进取的创新意识"和"常常能够产生创新思维和火花"两项中，大四学生表现最佳，都是 3.61 分，这可能是因为大四学生学到了专业知识和相关技能，更容易触发创新点；其次是大一学生，得分在 3 分以上；最后是大三学生，得分在 3 分以下，出现这种情况的原因可能是大一新生高中毕业不久，基础知识掌握情况良好，想法较多，而大三学生处于中间阶段，一方面对基础知识有所遗忘，一方面专业知识学习不够。"在校期间获得过创新方面的成果奖励"一项，大四学生得分最高，大一、大三学生几乎持平，这表明大三学生在校期间要么很少参加创新方面的比赛，要么没有获得成果奖励，大三学生在创新能力的培养方面有提高的余地和必要。

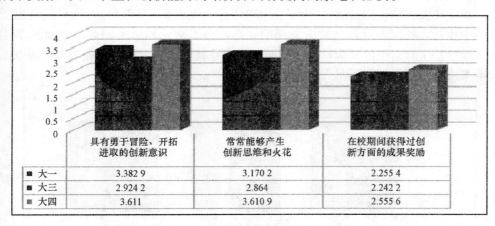

图 4-30 创新能力

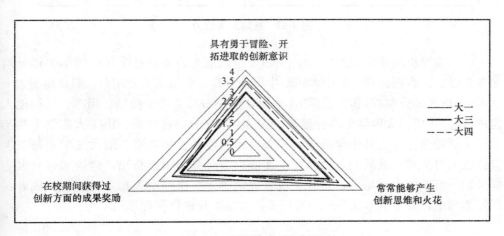

图 4-31 创新能力(雷达图)

在图 4-31 中，可明显看到大四学生三个具体项目得分最高，尤其是"具有勇于冒险、开拓进取的创新意识"和"常常能够产生创新思维和火花"这两项均高于 3.6 分；"在校期间获得过创新方面的成果奖励"一项，大三与大一学生的得分相差无几，略高于 2.2 分。

(24) 战略思考能力(图 4-32)。在战略思考能力中，大四学生三项具体能力得分均明显高于其他年级学生，平均分在 3.5 以上，相比大一、大三学生，更具备前瞻性战略眼光，能够更加系统全面地思考问题，做事更有谋略和智慧。这是因为他们经过专业知识的学习和相关技能的培养，应该比其他年级的学生战略思考能力强。大一、大三学生在"更具备前瞻性战略眼光""能够更加系统全面地思考问题"两项的得分相差不大，平均在 3 分左右，但是在"做事更有谋略和智慧"方面，大一学生比大三学生得分略高(大一 3.063 7 分、大三 2.878 8 分)，这可能是由于大一学生初入校园，对自己的未来期望较高，会下意识地思考问题，而大三学生一方面放松了对自己的要求，另一方面距离毕业就业还有 1 年，未觉压力，所以做起事来考虑不周、谋略不足。

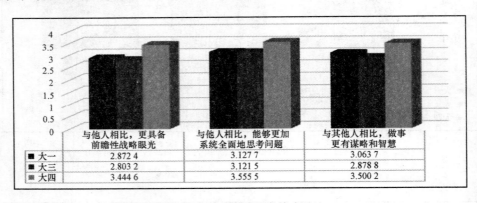

图 4-32　战略思考能力

(25) 领导组织能力(图 4-33)。在领导组织能力方面，三个年级的学生得分均在 2.5 以上，表现良好。其中大四学生得分最高，平均 3.4 分左右，明显高于大一学生(平均 3.2 分左右)和大三学生(平均 3 分左右)。"善于激励、指挥、组织他人实现目标"一项，大四学生得分最高，为 3.499 9 分，这可能是由于大四学生参与的团队活动和比赛比其他年级多，相关经历和经验更加丰富。而大三学生每一项具体能力得分都是最低的，原因在上述能力得分分析中已指出，建议加强对大三学生领导组织能力的培养，如开会或开展活动，要求每个人都参与组织，或者在任课活动中，以小组形式分配学习任务，安排组长进行管理等。

第4章 工商管理专业本科生实践能力培养：在校师生的调查与分析评价

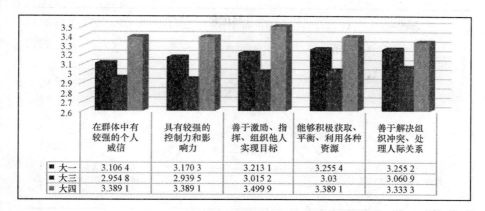

图 4-33 领导组织能力

（26）决策应变能力（图 4-34、图 4-35）。从图 4-34 可知，三个年级的三个具体能力得分有明显区别。整体而言，大四学生表现最优，平均分达到 3.463 0，尤其是"能够正确理解出现的问题，做出有效的判断和决策"以及"面对突发事件沉着冷静，快速反应，解决问题"两项，平均分达到 3.5；后一项能力，大一学生得分略高于大三学生，两个年级得分都在 3.2 上下，这方面表现还是较好的；前一项能力，大三学生略优于大一学生，这是因为大三学生经历的困难和面对的问题一般比大一学生多。大一、大三两个年级的学生在"对事物的发展规律有预见性，善于把握机遇"方面表现一般，均低于 3 分，这方面的能力还有待提高，比如多分析典型案例的原因、出现的问题、解决的方案，总结之前出现的问题的解决方法，归纳经验等。

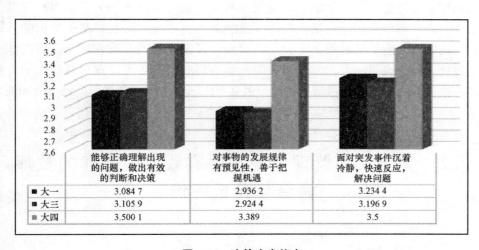

图 4-34 决策应变能力

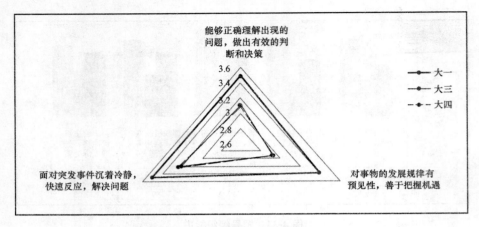

图 4-35 决策应变能力(雷达图)

从图 4-35 可以明显看出，大四学生三个具体能力的表现明显优于大一、大三学生，并且三项得分比较平均，大一和大三学生的表现基本一致，"面对突发事件沉着冷静，快速反应，解决问题"这一项比其他两项表现更优。从整体而言，大四学生的决策应变能力较强，而大一、大三学生理解问题以及做出有效判断、预测事物的发展规律的能力有待加强。

解决问题的综合能力，从整体而言大四学生表现最佳，其次是大一学生，最后是大三学生。出现这种状况的原因可能是大四学生一方面经过专业知识的学习及相关技能的培训后，创新、思考、解决问题、领导、决策能力都有明显提升；另一方面，可能面临毕业、就业，随之而来的压力促使大四学生主动地提高自己解决问题的综合能力。大一学生解决问题的综合能力表现优于大三学生，可能是由于大一学生刚结束高三生活，心理承受能力还比较强，以及对基础知识的掌握较好。而大三学生早已放松了对自己的要求，又没有毕业、就业压力，所以综合得分较低。这也说明，大三学生在大四一年得到的提升最大。青岛科技大学工商管理专业实践能力培养体系是有效的，但在对大三学生的综合培养上还有待加强。

4.2 关于工商管理专业学生实践能力培养的教师调查与分析评价

4.2.1 调查步骤

(1)拟定调查依据、调查对象、调查方式、调查内容。对青岛科技大学工商管

第4章 工商管理专业本科生实践能力培养：在校师生的调查与分析评价

理专业教师进行调查，通过调查问卷的形式收集教师对工商管理专业学生的专业能力的评价及要求。

(2)数据收集。问卷的发放和回收主要通过 E-mail、手机短信、QQ 与微信的方式。

4.2.2 问卷设计

(1)调查目的。本次调研旨在通过问卷调查的方式获得青岛科技大学工商管理专业的教师对工商管理专业学生的专业能力的评价及要求，获得该专业教师眼中工商管理专业学生所应具备的实践能力的分析数据，并与在校学生自评和企业对入职毕业生的评价综合对比，进而对青岛科技大学工商管理专业实践教学体系的质量进行分析评价，最终为青岛科技大学工商管理专业的实践教学体系提出改进措施和建议，从而提高青岛科技大学工商管理专业的实践教学水平。

(2)调查对象。本次调查以青岛科技大学工商管理专业的教师以及给工商管理专业学生授课的其他专业教师(工业工程系、国际贸易系、财务管理系、物流管理系)为对象。

(3)调查时间。2017年2月10—25日通过互联网发送问卷，收集所需数据。

(4)问卷设计和调查项目。根据调查目的查阅相关文献资料之后，本问卷经过多次与指导教师商榷，反复修改，确保问卷调查的科学性和有效性。

本调查问卷共分三大部分：

①工商管理专业教师对青岛科技大学工商管理专业实践教学体系的认识，包括工商管理专业教师认为该实践教学体系的实践课程、实践课时、实践方案、实践教学内容、教学形式、授课模式等各方面对学生专业能力培养的重要程度。

②通过工商管理专业教师对该专业学生综合表现的评价，并对多个专业教学情况进行比较，得到工商管理专业学生相比于其他专业学生的突出方面和不足方面的评价。

③工商管理专业教师对该专业学生的专业能力的要求，包括学生的基础能力、专业技能、解决问题的综合能力中各个要素的相对重要程度。

为保持问卷数据的客观性和准确性，在问卷设计过程中，将涉及填写问卷者的私人信息的问题设为选填项，以保证问卷填写者在填写过程中不产生心理负担，从而确保该问卷能够如实反映青岛科技大学工商管理专业实践教学体系的质量。

4.2.3 描述性统计

由于问卷调查对象的特定性，仅向青岛科技大学及少数其他院校的工商管理专业的教师进行调查，有教师人数的限定，因此关于工商管理专业优化的教师调查问卷一共发放 32 份，收回 25 份，有效问卷 25 份。问卷回收率是 78.125%。

其中教龄为 10～20 年的教师有 11 位，20～30 年的有 5 位，教龄达 30 年以上及5年以内的教师分别是4位和3位，教龄在5~10年的教师最少，有2位。教龄长达10年以上的教师占80%，拥有丰富的教学经验。综合各个教龄阶段的教师的调查情况，对学生的评价具有全面客观性和准确性。

另外，接受问卷调查的教师除于任教于工商管理专业，还会任教于其他专业，如市场营销、城市管理、财务管理、物流管理、国际贸易、工业工程等，通过教师对不同专业学生的感受对比，获得工商管理专业学生的突出的方面与不足的方面，从而对工商管理专业的学生进行全面的评价。

4.2.4 工商管理专业教师对青岛科技大学工商管理专业实践教学体系的认识

(1)对工商管理专业学生的能力培养最重要的专业基础必修课程。从图4-36可以看出，管理学原理有76%的教师认为对工商管理专业学生的能力培养是最重要的专业基础必修课程，该课程也是其他管理专业的基础课程，因此是工商管理专业最基础也是最重要的必修课程。其次是人力资源管理(64%)、统计学(60%)、西方经济学(56%)、财务管理(52%)，有一半以上的教师认为这几门是对学生能力培养最重要的专业基础必修课。最后是生产与运作管理(44%)、市场营销学(44%)、企业战略管理(44%)、运筹学(36%)、概率论与数理统计(36%)，这些专业基础必修课有40%左右的教师认为对培养工商管理专业学生的实践能力有重要作用。其他详细数据见图4-36。

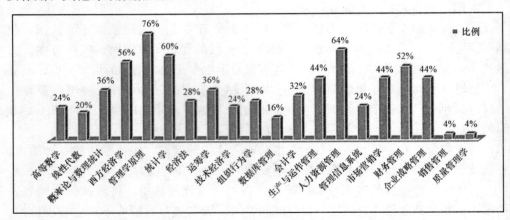

图4-36 对工商管理专业学生的能力培养最重要的专业基础必修课

可以看出，多数教师选择的课程是偏向基础性比较强的，这些课程对建立工商管理专业学生的知识框架是必不可少的。对于这些教师认为重要的专业基础必修课，任课教师首先应重视将知识的传授与对学生实践能力的培养结合起来，同时可以对学生强调课程的重要性，并丰富教学方式，提高授课技巧，或根据实际情况进行调整。

第4章 工商管理专业本科生实践能力培养：在校师生的调查与分析评价

(2)对工商管理专业学生的能力培养最重要的专业基础选修课程。从图4-37可以看出，项目管理(60%)和工商管理案例分析(60%)是大部分教师认为对工商管理专业学生的能力培养最重要的专业基础选修课程；绩效与薪酬管理(48%)、Excel与管理决策(44%)、财务报表分析(44%)这些专业基础选修课有40%以上的教师认为对学生能力培养是最重要的，选择其他课程的教师占比平均在20%左右。其他详细数据见图4-37。

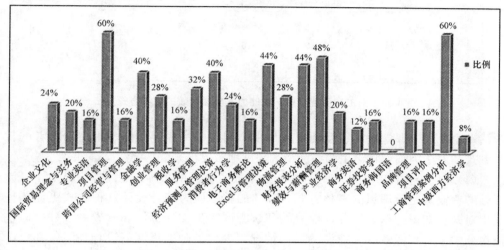

图4-37 对工商管理专业学生的能力培养最重要的专业基础选修课

可以看出40%以上的教师选择的课程是偏向实际应用型的，比如工商管理案例分析可以训练学生发现并解决问题的能力、思考方式等，Excel与管理决策可以将管理方法和电脑应用结合，更符合时代要求。因此，这些课的任课教师不仅要将理论知识传授给学生，同时还应根据时代发展更新相应软件的应用与教学。

(3)对工商管理专业学生的能力培养最有效的教学方式和方法。从图4-38可以看出，92%的教师认为案例教学是对工商管理专业学生能力培养最有效的教学方法，40%以上的教师认为课堂讲授、互动提问(68%)，参与式教学(56%)和角色扮演(44%)这些教学方式和方法也能有效培养学生的专业能力。其他详细数据见图4-38。

案例教学作为所有教师基本选择的教学方法，重视双向交流，能引导学生变注重知识为注重能力，鼓励学生独立思考，所以案例教学是公认的对工商管理专业学生的能力培养最有效的教学方法。其次就是传统的教学方式——课堂讲授、互动提问，其优点是能最大限度地发挥讲授者的作用，使学生在较短时间内学到人们长期积累的知识，是一种有效的教学方式。但从另一方面来说，课堂讲授本质上是一种单向性的思想传递方式，也不能使学生直接体验技能，所以在实际教

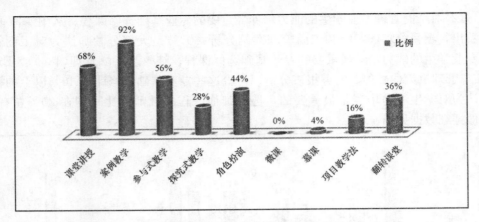

图 4-38 对工商管理专业学生能力培养最有效的教学方式方法

学活动中,应以课堂讲授、互动提问为主,同时以一些能促使学生主动思考的教学方式和方法为辅,将学生的潜能最大限度地激发出来。

(4)理想的考核方式。从图 4-39 可以看出,60%的教师认为闭卷考试对于自己任教的专业课是最理想的考核方式,56%的教师认为综合设计这种方式更能体现学生对课程知识的掌握情况,部分教师认为课程论文(40%)和开卷考试(36%)也能得到学生对其任教的专业课的反馈情况,少数教师选择课程设计(28%)和口试(16%)作为考核方式。其他数据见图 4-39。

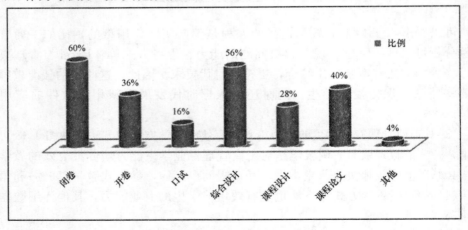

图 4-39 理想的考核方式

闭卷考试一方面可以促使学生自觉学习和复习相关知识,另一方面也可以比较准确地考查学生对课程知识的掌握情况。但这也可能造成学生平时不注重学习,考试临时抱佛脚,仅以通过考试为目的的现象。所以可以加上综合设计、课程论文等方式综合、全面地考查学生对本课程知识的理解。因此,可以根据不同

第4章 工商管理专业本科生实践能力培养：在校师生的调查与分析评价

课程的性质、特点选择多种考核方式综合、全面地考查学生学以致用的情况。

(5)各种证书的重要程度。本题是一道排序题，排在第一位的是综合得分最高的英语四、六级证书(4.28分)，排在第二位的是奖学金证书(3.56分)，排在第三位的是社会上的各种职业上岗证书(3.4分)，排在第四位的是计算机等级证书(2.8分)，排在第五位的是优秀学生、干部证书(2.64分)，排在第六位的是在校文体活动、竞赛获奖的获奖证书(2.6分)。见图4-40。

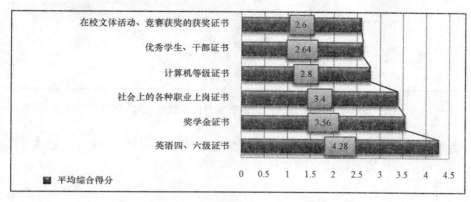

图4-40 各种证书的重要程度

从上述结果可知，教师们认为对于工商管理专业学生最重要的证书是英语四、六级证书，确实，很多院校将通过英语四级作为拿到毕业证书的必要条件，可见其重要程度。其次是奖学金证书，要获得奖学金，不仅学习成绩要好，综合素质也要好，所以该证书可以大体说明学生的综合表现情况。再次是社会上的各种职业上岗证书，如会计从业资格证、教师资格证等，有必要的话，建议学校统一培训并组织学生报考。然后是计算机等级证书，在如今互联网发达的时代，掌握一定的计算机技能是有必要的，尤其对于工商管理专业的学生来说，掌握办公软件的操作对未来求职有很大帮助。最后是优秀学生、干部证书和在校文体活动、竞赛获奖证书。

(6)工商管理专业实践性教学环节中有待加强的方面。从图4-41可以看出，80%的教师认为业务实习有待加强，认为管理综合实验有待加强的教师占68%，接着是毕业设计(论文)(36%)、毕业实习(36%)、认识实习(28%)这些实践性教学环节，平均约33%的教师认为还需改进和加强。

大部分教师认为业务实习和管理综合实验是最有待加强的实践性教学环节。加强的措施，比如多分配教师指导、增加实习课时、更新相关软件、提高对学生实习报告的要求等。

(7)工商管理专业学生何时开始实习最有意义。从图4-42可以看出，48%的教师认为工商管理专业的学生在大二实习意义最大，44%的教师认为学生在大三学

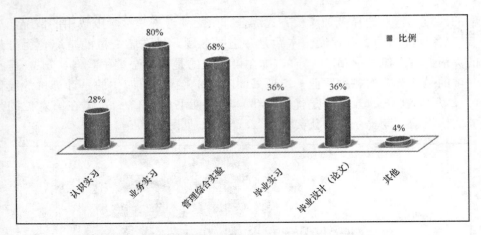

图 4-41 有待加强的工商管理专业实践性教学环节

到一定的专业知识后再去实习更有意义,少数教师(8%)认为学生在一进大学确定专业后就可以开始实习,没有教师认为学生应在大四实习。

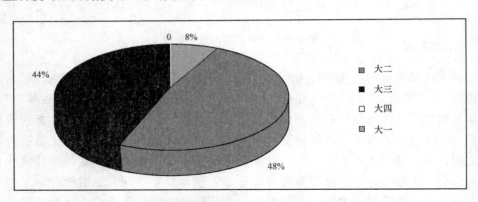

图 4-42 工商管理专业学生何时开始实习最有意义

90%以上的教师认为工商管理专业的学生在大二或大三开始实习最有意义,主要原因可能是此时学生已学习了一定程度的专业知识,对企业业务有了一定的了解,这时实习既能增强对知识的理解,同时又能将理论联系实际,对学生的实践能力的培养是有意义的。

(8)工商管理专业学生的毕业实习持续多久较好。从图 4-43 可以看出,44%的教师认为毕业实习持续一到两个月较好,27%的教师认为毕业实习持续半年较好,16%的教师认为毕业实习持续三到四个月较好,13%的教师认为毕业实习一年较好,没有教师选择毕业实习持续一到两周和"其他"的。

第4章 工商管理专业本科生实践能力培养：在校师生的调查与分析评价

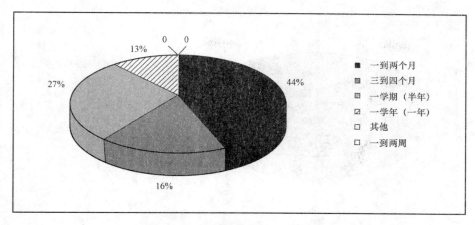

图 4-43 工商管理专业学生的毕业实习持续多久较好

毕业实习是指学生在毕业之前，即在学完全部课程之后到实习现场参与一定的实际工作，通过综合运用全部专业知识及相关基础知识解决专业技术问题，获得独立工作能力，在思想上和业务上得到全面锻炼，并进一步掌握专业技术的实践教学形式。根据上述调查结果，选择实习一到两个月的教师最多，这可能是因为一到两个月的时间一方面能让学生充分熟悉企业的事务和工作流程，另一方面又没让学生完全脱离学校。可以根据这个调查结果再结合实际情况稍作调整，确定对于工商管理专业学生最有效的实习时长。

(9) 对工商管理专业学生的能力培养相对有效的实习方式。从图 4-44 可以看出，44％的教师认为全职实习对工商管理专业学生的能力培养相对有效，40％的教师认为兼职实习相对有效，12％的教师选择模拟实验，4％的教师选择短时间参观实习。

从上述结果可知，大部分教师认为实习是相对有效的培养工商管理专业学生能力的方式，其中选择全职实习的占比稍多一点。相比其他方式，全职实习和兼职实习能使学生更有效地巩固提升专业技术，加深对职业的理解，将理论知识与实际应用结合起来，同时也可以作为工作经历和经验，对学生以后的就业也有好处。因此，应加强对工商管理专业学生的实习管理工作。

(10) 作为工商管理专业教师最有待提高的方面。从图 4-45 可以看出，32％的教师认为自己最需提高管理实践能力，24％的教师认为自己应提高互联网现代教育技术的应用能力，20％的教师认为自己需提高授课技巧、改进教学方法，认为自己应提高科研能力的教师占 16％，4％的教师选择加强管理专业理论知识的学习，另有 4％的教师选择"其他"。

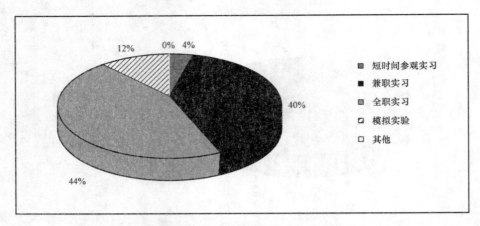

图 4-44　对工商管理专业学生的能力培养相对有效的实习方式

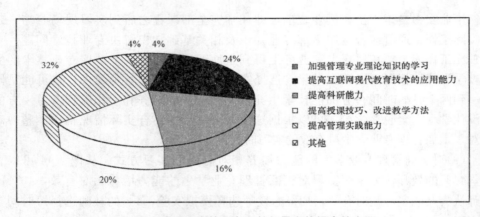

图 4-45　作为工商管理专业教师最有待提高的方面

综合以上 10 个方面的调查分析，青岛科技大学工商管理专业教师对该校工商管理专业实践教学体系提出了自己的看法和认识，指出了该实践教学体系的实践课程、实践课时、实践方案、实践教学内容、教学形式、授课模式等各方面对学生专业能力培养的重要程度。

首先，一半以上的教师认为管理学原理、人力资源管理、统计学、西方经济学、财务管理这 5 门专业基础必修课对工商管理专业学生的能力培养是非常重要的，同样接近一半的教师认为项目管理、工商管理案例分析、绩效与薪酬管理、Excel 与管理决策、财务报表分析这 5 门专业基础选修课对该专业学生的能力培养也是不可忽视的。一方面，对应课程的教师应重视该课程的授课情况，加强学生对专业基础知识框架的构建；另一方面，也应让学生感受到这些课程对其能力培养的重要性。

第4章 工商管理专业本科生实践能力培养：在校师生的调查与分析评价

其次，被调查的绝大部分教师认为案例教学是对工商管理专业学生的能力培养最有效的教学方法，多数教师还是支持传统的课堂讲授、互动提问这种方式，但选择微课、慕课、翻转课堂等互联网＋现代教育的教学方式的教师并不多。在考查学生是否掌握课程知识方面，多数教师认为闭卷考试是最理想的考核方式，其次是综合设计和课程论文。所以，该专业教师可在传统教学方式的基础上，适当增加一些互联网＋现代教育的教学方式、方法，并且可根据不同专业课的性质、特点实行不同的考核方式，目的是更准确、有效地了解学生对专业知识的掌握情况。

再次，在工商管理专业实践性教学环节中，大部分教师认为实习是最需加强的部分，也建议工商管理专业学生从大二开始实习。接近一半的教师建议该专业学生的毕业实习持续一到两个月。那么对应实践环节的教师可与工商管理专业其他教师一起商讨，如何加强实践性教学才能更好地培养学生的专业能力，同时结合实际情况安排学生从大二开始实习，该专业学生的毕业实习安排一到两个月。

最后，身为青岛科技大学工商管理专业教师，多数认为自己最需提高管理实践能力，其次是提高互联网现代教育技术的应用能力，所以工商管理专业教师应结合时代发展，不断充实自我，提升管理实践能力，不断优化实践教学质量。

4.2.5 工商管理专业教师对该专业学生的评价、期望与要求分析

（1）相比其他专业学生，工商管理专业学生表现更为突出的方面。从图4-46可以看出，64％的教师认为，工商管理专业学生的人际沟通能力更强；56％的教师认为工商管理专业学生"思维活跃，富有创新精神"这方面更突出；认为文字表达能力（24％）、社会实践综合能力（24％）和团结协作能力（20％）更强的教师平均占23％左右；少数教师选择"学习态度端正认真，成绩优异"（16％）、"逻辑与系统性思维能力更强"（8％）、专业知识掌握得更扎实（4％）。

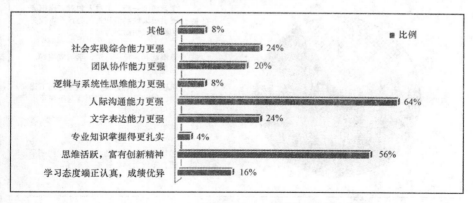

图4-46 工商管理专业学生表现突出的方面

(2)相比其他专业学生,工商管理专业学生表现不足的方面。从图4-47可以看出,68%的教师认为工商管理专业学生"心浮气躁,不踏实";60%的教师认为该专业学生"学习知识的热情不足";部分教师认为学生"做事功利性太强"(40%)、"知识面窄、读书少"(32%);24%的教师认为该专业学生"社会实践能力弱""自我控制能力较差""平时与人交流时,缺乏基本礼貌礼仪""缺乏理想信念"。但在本次调查中,没有教师认为工商管理专业学生缺乏团队合作和牺牲精神。

(3)工商管理专业教师最期望任教的学生类型。从图4-48可以看出,60%的教师期望教品优、智优但学习成绩一般的学生,他们有责任心和组织能力;少数教师选择思想进步、学习踏实但不够灵活,思维活跃、成绩优秀但不合群的学生;还有一部分教师期望教有信念、有毅力、有节操(其他类型16%)的学生;4%的教师选择"机敏灵活""但是方向不正确"的学生。

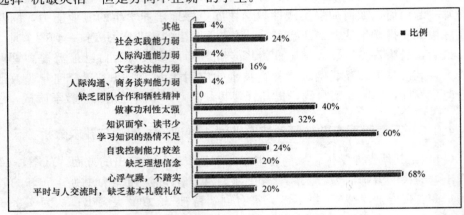

图4-47 工商管理专业学生表现不足的方面

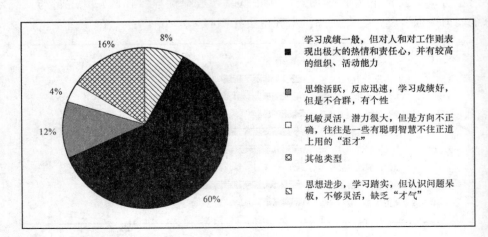

图4-48 期望任教的学生类型

第4章 工商管理专业本科生实践能力培养：在校师生的调查与分析评价

(4)工商管理专业学生重要的基础能力。从图 4-49 可以看出，84%的教师认为工商管理专业学生重要的基础能力是表达沟通能力和团队合作能力；超过 50%的教师认为调查研究能力、知识学习能力、信息收集能力是重要的基础能力；有 40%的教师看重公文撰写能力(44%)、办公软件操作能力(40%)和环境适应能力(36%)；24%的教师认为是基本外语能力。

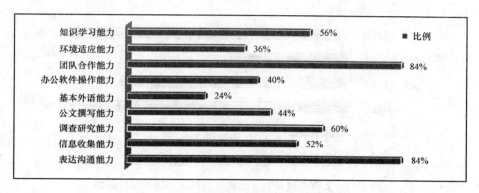

图 4-49 工商管理专业学生重要的基础能力

(5)工商管理专业学生重要的专业技能。从图 4-50 可以看出，76%的教师重视工商管理专业学生的人力资源管理能力，其次是项目策划与投资分析能力(60%)，接近一半的教师认为市场营销能力是工商管理专业学生重要的专业技能，36%的教师认为生产运作规划能力(40%)、组织与流程设计能力(40%)、商务谈判能力(36%)、经济分析与预测能力(32%)和战略规划分析能力(32%)是重要的专业技能，其他数据见图 4-50。

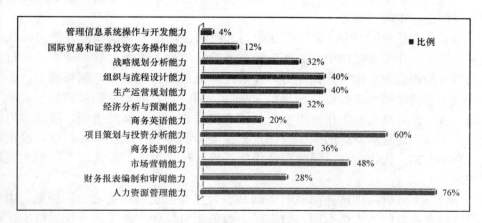

图 4-50 工商管理专业学生重要的专业技能

(6)工商管理专业学生重要的解决问题的综合能力。从图 4-51 可以看出，分别有76%的教师认为创新能力、决策应变能力是工商管理专业学生重要的解决问题的综合能力，60%的教师认为战略思考能力是工商管理专业学生重要的解决问题的综合能力，选择"领导组织能力"的为32%，选择"创业能力"的为16%。

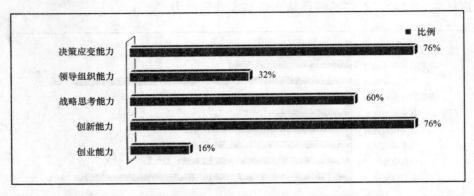

图4-51　工商管理专业学生重要的解决问题的综合能力

　　通过上述六个方面的调查分析发现：青岛科技大学工商管理专业教师对该专业学生的能力评价尚可，尤其是认为他们的团队合作能力较为突出。同时也指出了基础能力、专业技能、解决问题的综合能力中具体能力的重要程度。

　　第一，大部分教师认为，相比其他专业学生，工商管理专业学生的人际沟通能力更强、思维活跃、富有创新精神，同时存在的不足是心浮气躁、不踏实、学习知识的热情不足，做事功利性太强。这些评价可由辅导员反馈给学生干部，一方面通过鼓励学生参加活动、竞赛，保持优秀的方面；另一方面，以不同的主题定期开团会，正确引导等。

　　第二，在基础能力中，表达沟通能力、团队合作能力和调查研究能力被认为是最重要的；在专业技能中，被认为最重要的三项是人力资源管理能力、项目策划与投资分析能力、市场营销能力；在解决问题的综合能力中，创新能力、决策应变能力和战略思考能力被认为是最重要的。同时，教师最期望任教的是，学习成绩一般，但是对人和工作有极大的热情和责任心，有较高的组织、活动能力的学生。所以工商管理专业的学生应注重相应能力的培养，端正学习态度，确定正确的发展方向。优化自身，同时也是优化了青岛科技大学工商管理专业的实践教学质量。

　　综合以上分析，该调查问卷的实施基本合格，但仍有不足之处，例如，由于工商管理专业教师的人数有限，数据样本数量相对较少。若要进一步进行实证研究，该调查结果仍存在一定的局限性。

4.3 工商管理专业实践教学培养体系的不足分析

4.3.1 青岛科技大学工商管理专业实践教学环节和课程安排的不足分析

青岛科技大学为培养和提高大学生实践能力,对实践教学环节和课程安排不断做出修正,并加入一些创新内容。而通过对毕业生实践能力培养的社会需求与满意度调查与毕业生实践能力与就业状况调查,可以发现青岛科技大学的实践教学环节与课程安排还存在许多问题。

首先,对于实践环节和实践课程的安排,有61.04%的毕业生认为实践环节少,实践时间少;有24.68%的毕业生认为实践环节很少,实践时间很少。由此可以认为相对于课堂理论教学,实践环节少,实践课程时间少,虽意识到大学生实践能力培养的重要性,但在课程时间与环节的安排上并没有给予实践课程相应的比例。其次,对于工商管理专业实践环节和实践课程方案设计的合理性,有55.84%的毕业生的满意程度仅为一般;有46.75%的毕业生认为实践课程设计系统性不强,需要进一步完善;有38.96%的毕业生认为实践课程流于形式,对学生实践能力的发展没有太大作用。对于具体的实践教学环节而言,有部分实验课程对毕业生工作的帮助不大,比如ERP模拟实验与专业课程的上机实验。实践教学体系的编制缺乏系统性,课程内容比较零散,部分课程对学生用处不大,应及时对其做出调整。最后,通过对企业进行调查,发现青岛科技大学工商管理专业学生存在的主要问题是实际操作能力不足,理论与实践脱节,能力面宽而不精等。企业对基本外语能力的要求,学生无法满足。说明实践教学体系不能完全适应社会需求,所开设的实践课程不能很好地提升学生的实际操作能力,实践课程与企业现实状况联系不紧密,很多仅仅停留在理论阶段,与实践无法衔接。青岛科技大学工商管理专业实践教学环节和课程安排存在的问题亟须解决。

4.3.2 实践课程指导教师能力的不足分析

实践课程指导教师的能力水平对学生的实践能力的培养与发展有着潜移默化的影响。通过对工商管理专业毕业生的调查,发现有38.16%的毕业生认为指导实践课程的教师懂理论知识,但实践操作能力较弱;有3.95%的毕业生认为指导实践课程的教师懂实践操作,但理论知识不系统。可见,有不少教师实践操作的能力较为欠缺,由此降低了实践教学效果,不利于学生能力的提高。优秀的实践课程指导教师的缺乏,教师实践能力的参差不齐,影响了学生实践能力培养的效果。

4.3.3 实践教学体系中实验设施和场地的不足分析

实验设施和场地是实践教学体系建设的基本条件,实验设施和场地的情况对于学生实践能力的培养有很大影响。在对毕业生的调查中,5.19%的毕业生认为现有的实验设施和场地远远不能满足实践能力的培养要求,24.68%的毕业生认为现有的实验设施和场地无法满足实践能力的培养要求,22.27%的毕业生认为现有的实验设施和场地基本能够满足实践能力的培养要求。青岛科技大学的实验设施较为落后,部分软件系统尚未升级为最新版本,数据库更新不及时,无法与企业需求进行更好的链接,实验场地较少,无法让学生更好地获得实践课程的良好体验。高质量的实践教学基础设施是培养工商管理专业人才的必要条件。

第 5 章 基于"B-S-P"层级的工商管理专业实践能力体系的构成与培养路径分析

5.1 工商管理专业"B-S-P"能力层级的系统构成与要素分析

为建设工商管理专业实践教学体系,首先要对学生的实践能力层次结构和能力发展路径进行系统分析。本研究通过对青岛科技大学工商管理专业毕业生能力与就业状况调查与评价,以及对工商管理专业人才实践能力培养的社会需求与满意度调查与评价进行分析,并结合该专业实践能力培养目标,确定能力培养的"B-S-P"能力层级包括:基础能力(Basic ability)、专业技能(Specialized skills)、解决问题的综合能力(Problem-solving comprehensive ability)。基于"B-S-P"层级的工商管理专业实践能力金字塔模型见图 5-1。

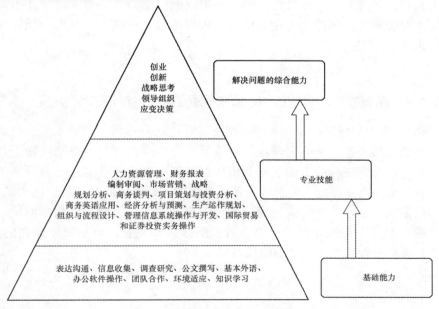

图 5-1 基于"B-S-P"层级的工商管理专业实践能力金字塔模型

5.1.1 基础能力构成要素

基础能力相较于专业技能与综合能力来讲,是毕业生能在社会立足的基本能力,也是发展其他能力的基础。作为大学生能力发展的根本,基础能力指的是大学生所必须具备的知识、技能和素质。工商管理专业学生应有的基础能力包括表达沟通能力、信息收集能力、调查研究能力、公文撰写能力、基本外语能力、办公软件操作能力、团队合作能力、环境适应能力、知识学习能力。

5.1.2 专业技能构成要素

专业技能是相对于大学生所学专业来讲的,是大学生在学习专业知识的基础上,经过长时间系统的训练得到的,是大学生在进入社会之前所必须具备的专业素养。工商管理专业所需要的专业技能主要包括人力资源管理能力、财务报表编制审阅能力、市场营销能力、战略规划分析能力、商务谈判能力、项目策划与投资分析能力、商务英语能力、经济分析与预测能力、生产运作规划能力、组织与流程设计能力、管理信息系统操作与开发能力、国际贸易和证券投资实务操作能力。

5.1.3 解决问题的综合能力构成要素

解决问题的综合能力是在具备基础能力和专业技能的前提下,通过运用自身所学的知识,系统地、有针对性地解决特定问题的能力。工商管理专业所需的解决问题的综合能力具体体现为创业能力、创新能力、战略思考能力、领导组织能力、决策应变能力。

5.1.4 基础能力、专业技能、解决问题的综合能力三者的关系

"B-S-P"能力层级之间相互影响,相互依存,缺一不可。随着工作岗位的转化以及时代的发展,这三个能力模块的具体要求也相应改变。其中基础能力是专业技能和解决问题的综合能力的基础和前提,是工商管理专业实践能力金字塔的根基。专业技能是在基础能力的基础上发展起来的,是解决问题的综合能力的前提,是能力要素最多、专业性要求最高的能力层级,处于能力金字塔的中间层。而解决问题综合的能力是基础能力、专业技能的拔高和完善,也是要求最高的能力,处于工商管理专业实践能力金字塔最高层。

5.2 基础能力(B)的发展规律与培养路径分析

本研究的前半部分通过对工商管理专业毕业生的就业情况与实践能力分析，以及对工商管理类专业人才实践能力培养的社会需求与满意度的分析，得出基础能力结构的构成要素以及企业对毕业生基础能力的需求程度，并且对于青岛科技大学的实践教学体系的问题有一定的了解。由于基础能力是专业技能与解决问题的综合能力的基石，所以基础能力的培养应当放在教学计划的最初阶段(图 5-2)。

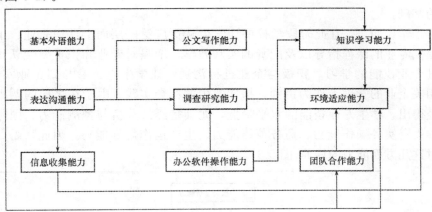

图 5-2 基础能力的培养路径

(1)学生方面。在这一阶段，要想实现基础能力的培养，首先要使学生意识到自身的职业兴趣，并有意识地接触与兴趣相关的知识与技能，如表达沟通能力、调查研究能力、公文撰写能力、基本外语能力、办公软件操作能力等。其次，学校可以有意识地对一些基础能力进行渗透，让学生对目前自身的能力构成有清晰的认知，了解自身的潜力及不足，进而确定能力的发展方向，将基础能力的培养深入课堂、课外，让学生了解职业规划的知识，逐渐了解所学专业的发展背景，进而达到对基础能力的培养要求。最后，将学生基础能力作为评价体系的一部分，加大实践教学评价占整体评价的比例，以增加学生对提升实践能力的积极性。

(2)学校方面。在这一阶段，学校要善于抓住时机，调动学生积极性，加强对基础能力的重视程度，将能力的培养渗入课堂之中，强调基础能力的重要性，普及社会经济大背景，对学生做详细的职业规划，让学生对能力的发展规律有初步的认识，进而达到培养基础能力的要求。培养内容可分为表达沟通、信息收集、调查研究、公文撰写、基本外语、办公软件操作、团队合作、环境适应、知识学习九大实训模块，为进一步培养专业技能打下坚实基础。

5.3 专业技能(S)的发展规律与培养路径分析

在学生对基础能力有一定掌握的基础上，开始对专业技能进行培养，在这个阶段，学生开始尝试自身感兴趣的特定的职业领域，探索角色定位，并开始有意识地学习相关的专业技能，比如人力资源管理、财务报表编制审阅、市场营销、战略规划分析、商务谈判、项目策划与投资分析、商务英语、经济分析与预测、生产运作规划、组织与流程设计、管理信息系统操作与开发、国际贸易和证券投资实务操作等。在学习中找出自身差距，并不断提升自己，为培养综合能力打下坚实的基础。

对于学校而言，在此阶段学校要让学生从更广泛的层面上认识企业、了解企业，提供专业的课程指导以及配套的实践教学，增强对专业知识重要性认识，有效促进专业技能的学习。积极与企业进行沟通，让学生真正参与到企业实战中，邀请相关企业的管理者作为讲师，指导学生的社会实践。由于在之前的调查评价中已经得出，学生专业技能的水平最低，尤其是经济分析与预测能力、国际贸易和证券投资实务操作能力、商务英语能力、生产运作规划能力。因此，需要着重加强对这几方面能力的培养（图5-3）。

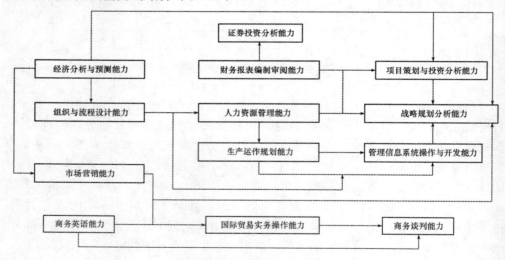

图5-3 专业技能的培养路径

5.4 解决问题的综合能力(P)的发展规律与培养路径分析

在学生能够熟练掌握基础能力与专业技能后，关键的是要提升学生解决问题的综合能力。

第 5 章 基于"B-S-P"层级的工商管理专业实践能力体系的构成与培养路径分析

经过之前的学习，不论是学生还是学校都会意识到培养解决问题的综合能力的重要性。因此，学校可以鼓励学生积极参与企业家讲座论坛、创业设计大赛、创业模拟实训等来提高其创业能力；通过引导学生制定创意方案，激励学生参与创新大赛等提高学生的创新能力；通过沙盘模拟等实验培养学生全面系统、前瞻性的战略思考能力（图 5-4）。

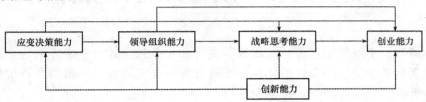

图 5-4 解决问题的综合能力的培养路径

第6章 基于"B-S-P"能力层级的工商管理专业实践教学质量综合评价体系

本章将从实践教学过程、实践教学内容和实践教学效果三个方面建立工商管理专业实践教学质量综合评价体系。工商管理专业实践教学质量综合评价体系如图6-1所示。

6.1 "B-S-P"能力层级工商管理专业实践教学过程评价体系

在工商管理实践教学的过程中存在着知易行难的实践规律,即实际操作过程的难度大于实践教学体系的设计过程。在实际操作过程中会遇见很多难以预料的问题,要解决这些困难,甚至会否定实践教学体系的原有设想,因此应全面系统地建立工商管理专业的实践教学体系。

6.1.1 实践教学资料的完整性

完整的工商管理专业实践教学文件资料可保证整个实践教学过程有章可循,为实践教学体系的建设和完善提供书面资料,对于其他相关专业的实践教学体系建设也会有巨大的借鉴价值,能够保证师生对于实践教学过程做好充足的准备,以更快更好地参与到实践课程中,包括明确具体的实践教学的指导文件、制度文件和实践记录等。

6.1.2 实践教学计划的及时性

在实践教学过程中,学校应保证实践教学内容计划和实践教学时间计划的及时更新和跟进,充分利用有限的教学时间更新实践教学内容,以满足时代和社会对学生的能力要求。

在工商管理专业实践教学内容上,实践课程的安排应当及时跟进相关理论课程,使学生学完相关理论知识后,及时在实际操作中理解和消化理论知识。另外,很多院校的实践教学内容陈旧,更新不及时,严重脱离现实活动,导致该专业的

第6章 基于"B-S-P"能力层级的工商管理专业实践教学质量综合评价体系

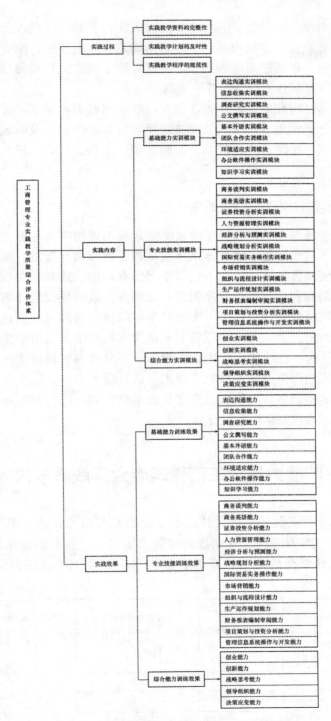

图6-1 工商管理专业实践教学质量综合评价体系

实践课程形同虚设,所以教研部门应当随时关注社会和时代的发展动态,设置满足社会实际需要的实践课程内容。学生基本能力、专业技能、综合能力这三个能力层级的培养是一个循序渐进的过程,工商管理专业实践计划的设置应该按照能力层级的推进有针对性地设计实践教学内容。

在实践教学时间计划上,首先,最大限度利用有限的学年,保证实践课程与理论课程时间比例恰当。其次,学校要按照学年和教学目标及时制订、更新和实施实践教学计划,如课堂实践教学、实验课程、实训、见习、校外实习实践、毕业论文和实习等。

6.1.3 实践教学程序的规范性

现有工商管理专业的实践教学体系实施效果不理想很大程度上是由于缺乏规范的实践程序。实践的规范性应该从体系规范、教师指导规范、学生操作规范三个方面着手。实践教学体系建设不仅仅是提出有用的实践教学课程模块,还应为整个实践过程的顺利进行提供程序规范,比如为实践模块设置详细完整的实践指导手册等。在教师指导规范性上,实践教学中的部分教师对职责认知不清晰,他们仅仅把自己的角色定位为一个监督者,认为实践教学只是给学生提供了一个实际动手操作的平台,往往放任学生自由操作而不是提供有效的实践教学引导和启发,所以教师应当严格遵守实践教学规定,认真指导学生。学生在实践操作过程中面对复杂的实验设备,应当自觉遵守实践手册规定,进行规范操作,不毁坏设施,不进行可能造成安全隐患的行为。

6.2 "B-S-P"能力层级工商管理专业实践教学内容评价体系

工商管理专业实践教学内容体系建立过程是有据可依的,整个实践课程模块分为基础能力实训模块、专业技能实训模块和综合能力实训模块。模块化教学能系统地提升学生的能力、素养和知识水平,使学生真正适应社会的需求(图6-2)。

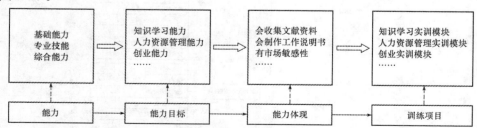

图6-2 "B-S-P"能力层级工商管理专业实践教学内容体系模块建立过程

第6章 基于"B-S-P"能力层级的工商管理专业实践教学质量综合评价体系

依据"B-S-P"能力层级工商管理专业实践教学培养目标体系，分析构建满足具体可操作的模块化实践教学内容体系，该体系具有柔性、综合性、目的性等特点。

6.2.1 基础能力实训模块

基础能力实训模块注重培养学生的通用能力和素质，按照基础能力培养目标分为表达沟通实训、信息收集实训、调查研究实训、公文撰写实训、基本外语实训、办公软件操作实训、团队合作实训、环境适应实训、知识学习实训九个模块。表达沟通实训模块训练学生运用恰当准确的词汇或者适当的肢体语言表达情感，实训内容包括书面沟通、会议沟通、危机沟通、公众演讲、模拟招聘和绩效面谈等；信息收集实训模块旨在指导学生用适当的方式快速获取所需信息，主要训练内容包括文献检索和资料查询等；调查研究实训模块旨在提高学生的调研能力，实训内容包括网络调查和访谈调查、设计调查问卷、撰写调研报告等；公文撰写实训模块内容包括请示、报告、指示、批复、通知、通报、决定、函、会议纪要等常用公文的撰写；基本外语实训模块旨在训练学生外语口语交流和基本外文文书的翻译和撰写等；办公软件操作实训模块旨在指导学生熟练掌握 Word、PPT、Excel 等常用办公室软件；团队合作实训模块旨在训练学生的团队意识，协调团队关系，处理团队中常见的冲突和问题等；环境适应实训模块旨在通过情景模拟来训练学生快速适应新环境；知识学习实训模块旨在指导学生快速掌握准确获取信息和知识的途径和方法。

6.2.2 专业技能实训模块

专业技能实训模块从实战角度训练学生掌握与该专业相关的实际操作技能，帮助学生为今后的学习和工作奠定坚实的能力基础。根据专业技能训练层的目标分析，专业技能实训模块包括人力资源管理、财务报表编制审阅、市场营销、战略规划分析、商务谈判、项目策划与投资分析、商务英语、经济分析与预测、生产运作规划、组织与流程设计、管理信息系统操作与开发、国际贸易实务操作、证券投资分析等实训模块。

其中，人力资源管理实训模块包括设计工作说明书、招聘流程、绩效考核体系、薪酬体系、职业生涯发展规划等；财务报表编制审阅模块包括主要会计报表的编制、电算化软件的应用、关键会计指标的分析等；市场营销模块包括市场调研、四大营销组合策略的策划、广告策划、分销渠道策划、品牌策划、企业形象策划等；战略规划分析实训模块训练学生掌握"五力模型"(Michael E. Porter)、SWOT 分析(Kenneth R. Andrews)、PEST 分析、洋葱模型、GE 矩阵、BCG 矩阵等战略规划分析工具，为特定的企业问题制订战略计划等；商务谈判实训模块指导学生了解商务术语和商务习性，掌握商务谈判的技巧，拟定商务合同等；项目策划与投资分析模块包括项目进度计划和项目资源计划的编制、网络计划的编制和优化、项目软件的运用、项目综合评价报告的撰写等；商务英语实训模块训练学生阅读商务资料和文献、处理英语函电、草拟商业合同和协议文件、进行商务谈判等；经济分析与预测实训模块包括使用SPSS软件分析工具、编写项目数据分析报告等；生产运作规划实训模块有企业选址、生产计划与排程、生产系统的优化与设计等；组织与流程设计实训模块有组织系统框架结构图、工作流程图的编制、工作流程的分析和优化等；管理信息系统操作与开发实训模块指导学生设计和操作管理信息系统等；国际贸易实务操作实训模块训练学生进行各种国际贸易业务活动的实际操作；证券投资分析实训模块包括进行证券投资的指标分析和进行模拟投资等。

6.2.3 解决问题的综合能力实训模块

解决问题的综合能力实训模块是工商管理专业实践教学的重点和难点，也是对学生能力要求最高、见效最慢的模块。该实训模块包括创业实训、创新实训、战略思考实训、领导组织实训、决策应变实训等模块。

创业实训模块鼓励学生积极参与企业家讲座论坛、创业技能实训、创业设计大赛、创业模拟实训基地等；创新实训模块可通过课堂引导鼓励学生制定创意方案，激励学生课外参与科技创新大赛等提高学生的创新能力；战略思考实训模块通过开设实训课程来培养学生全面系统和前瞻性的思维能力，如沙盘模拟等；领导组织实训模块可以通过情景模拟等形式培养学生的组织能力和领导力，如模拟公司运营等；决策应变实训模块可以通过模拟一些影响相应能力的情景或角色扮演来培养学生的决策能力和随机应变能力。

6.3 "B-S-P"能力层级工商管理专业实践教学效果评价体系

6.3.1 基础能力训练效果

基础能力实训旨在引导学生掌握良好的基本通用能力，使学生不随工作职位的转换而焦虑和担忧。根据第5章基于"B-S-P"层级的工商管理专业实践能力金字塔模型，工商管理专业基础能力模块训练效果是学生最终能够具备良好的表达沟通能力、信息收集能力、调查研究能力、公文撰写能力、基本外语能力、办公软件操作能力、团队合作能力、环境适应能力、知识学习能力。其中，每一个特定基本能力模块的训练效果应达成的目标见表8-1。

6.3.2 专业技能训练效果

专业技能实训模块能帮助学生快速地适应工商管理专业相关工作岗位，熟练地应用专业知识开展实际工作。专业技能实训模块的目的是使工商管理专业的学生能够具备人力资源管理能力、财务报表编制审阅能力、市场营销能力、战略规划分析能力、商务谈判能力、项目策划与投资分析能力、商务英语能力、经济分析与预测能力、生产运作规划能力、组织与流程设计能力、管理信息系统操作与开发能力、国际贸易和证券投资实务操作能力等。其中，每一个特定专业技能的训练效果应达成的目标见表 8-2。不同行业有特定的专业技能要求，一般来讲只要掌握了某一专业的技能和知识，并在该行业中稍加学习，即可顺利地实现岗位的转换，获得工作机会。

6.3.3 解决问题的综合能力训练效果

具备良好的解决问题的综合能力可帮助工商管理专业学生快速适应技术的进步、社会的发展、工作岗位的转换以及未来的创业等，具备良好的创业能力、创新能力、战略思考能力、领导组织能力、决策应变能力。解决问题的综合能力中每个单独能力模块的训练效果应达成的目标见表 8-3。

6.4 实践教学体系的综合评价方法

6.4.1 专家打分法

本研究采用专家打分法，请有关专家对"B-S-P"能力层级中的基础能力、专业技能、解决问题的综合能力及各个细分要素指标的权重以匿名方式进行打分，并对权重数据进行统计、整理、分析和总结，客观地整合各位专家的经验与主观评判，对大量难以采用技术方法进行定量分析的因素做出合理估算，并经过多轮意见征询、反馈和调整后，对调查问卷中的能力指标要素的各个权重指标形成统一意见。经过专家打分法确定的"B-S-P"能力层级及具体要素指标的权重已在表 7-1 中体现。

6.4.2 模糊评价法

模糊评价法是用属于程度即隶属度来替代简单的属于或者不属于关系，根据模糊数学的隶属度理论把模糊外延的模糊概念定量化的评价方法。其最终评价的结果不是简单的肯定或者否定，而是用模糊集合来表示。在本研究中，设置三层

基于"B-S-P"层级的工商管理类本科专业能力培养路径与实践教学体系研究

能力层级因素，即基础能力、专业技能和解决问题的综合能力要素，又在各层级能力之下设置集体的能力要素指标。通过三层能力要素指标的各个权重，分析青岛科技大学工商管理专业2011届毕业生的能力掌握情况，进而对青岛科技大学的实践教学效果进行评价。

第7章 青岛科技大学工商管理专业实践教学质量的调查分析与综合评价

本章将利用第6章建立的工商管理专业实践教学综合质量体系对青岛科技大学的工商管理专业实践教学质量进行实证研究。首先通过调查问卷获得第一手数据资料，然后利用统计学方法和数据分析软件对调查数据进行处理，获得客观反映工商管理专业实践教学质量的数据资料。

7.1 研究方案设计

7.1.1 调查步骤

（1）拟定调查依据、调查对象、调查方式、调查内容。根据第6章建立的工商管理专业实践教学综合质量评价体系，对青岛科技大学工商管理专业2011届毕业生进行调查，通过调查问卷的形式收集青岛科技大学工商管理专业实践教学体系质量评价数据。

（2）数据收集。问卷的发放和回收主要通过 E-mail、现场填写的方式。对于通过 E-mail 方式调查的问卷，可提前利用网络和电话告知发放和回收事宜。对于现场填写方式调查的问卷，应现场监督问卷填写过程并当场收回。整个问卷调查过程中切实保证调查问卷的数量和质量。

7.1.2 问卷设计

（1）调查目的。本次调查旨在通过问卷方式获得青岛科技大学工商管理专业毕业生实践能力的掌握情况，获得该专业毕业生的实践能力的分析数据，进而对青岛科技大学工商管理专业实践教学体系的质量进行分析评价，最终对青岛科技大学工商管理专业的实践教学体系提出改进措施和建议，从而提高青岛科技大学工商管理专业的实践教学水平。

（2）调查对象。本次调查以青岛科技大学2011届工商管理专业的59名毕业生为对象。

（3）阅读并研究文献。该问卷设计的基础是大量阅读相关文献资料，通过对工商管理专业实践教学体系和该专业学生的实践能力相关理论的梳理和分析，建立本研究主题的基本概念。为了更好地设计本问卷的基本结构和形式,深入研究了与本研究相近的评价工具。

(4)问卷设计和调查项目。根据调查目的查阅相关文献资料之后,采用李克特量表法(Likert scale)设计调查问卷,采用专家打分法给问卷中的各个具体指标赋予一定权重,确保问卷调查的科学性和有效性。

本调查问卷共分两大部分:

①问卷填写者对青岛科技大学工商管理专业实践教学体系的评价,包括毕业生对该实践教学体系的实践设备、实践课程、实践课时、实践方案、实践教学内容、指导教师、教学形式、授课模式等的基本评价。

②工商管理专业毕业生专业技能模块各个构成要素的能力指标的掌握情况,即基本能力模块及各个具体能力要素的掌握情况、专业技能模块及各个具体能力要素的掌握情况、解决问题的综合能力模块及各个具体能力要素的掌握情况。

为保持问卷数据的客观性和准确性,在问卷数据设计过程中不要求问卷作答者披露个人信息,以保证问卷作答者在填写问卷过程中不产生心理负担,从而确保该问卷如实反映青岛科技大学工商管理专业实践教学体系的质量。

7.2 数据的处理

7.2.1 问卷数据的加权平均处理

考虑到问卷填写者对于问题回答的模糊程度,问卷将每个测量指标又进行了进一步细分,所以问卷填写者有两种选择:直接给测量指标打分、给细分指标打分。所以,在收回问卷后需要对在细分指标上打分的问卷数据进行加权平均处理。具体的加权系数已经附在表 7-1 之中。

7.2.2 描述性统计——样本分布特征

调查问卷共发放 59 份,收回 59 份,有效问卷 57 份。根据调查问卷数据,对基本信息进行了统计分析,结果如下。

(1)学生对实践教学重视程度的样本分布特征(图 7-1)。

(2)实验设施和场地对实践能力培养的满足程度的样本分布特征(图 7-2)。

(3)实践环节和实践课程时间安排的样本分布特征(图 7-3)。

(4)实践环节和课程方案设计合理性的样本分布特征(图 7-4)。

第7章 青岛科技大学工商管理专业实践教学质量的调查分析与综合评价

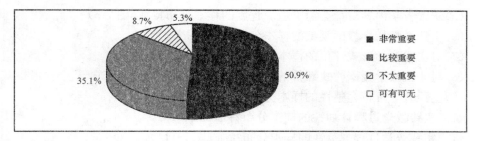

图 7-1 学生对实践教学重视程度的样本分布特征

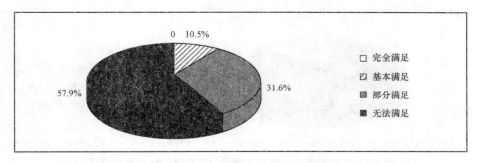

图 7-2 实验设施和场地对实践能力培养的满足程度的样本分布特征

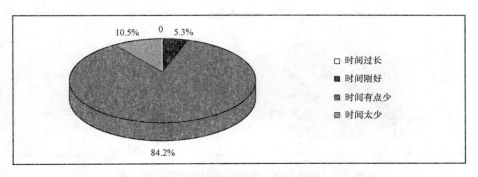

图 7-3 实践环节和实践课程时间安排的样本分布特征

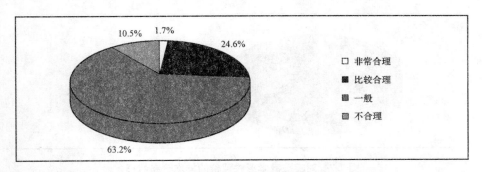

图 7-4 实践环节和课程方案设计合理性的样本分布特征

(5)实践教学内容对社会需求适应程度的样本分布特征(图7-5)。
(6)实践教学指导教师类型的样本分布特征(图7-6)。
(7)对实践教学形式评价的样本分布特征(图7-7)。
(8)对实践教学授课模式评价的样本分布特征(图7-8)。
(9)实践教学资料完整性的样本分布特征(图7-9)。
(10)实践教学过程计划性的样本分布特征(图7-10)。
(11)实践教学过程规范性的样本分布特征(图7-11)。
(12)学生对实践教学环节和课程满意度的样本统计特征(图7-12)。

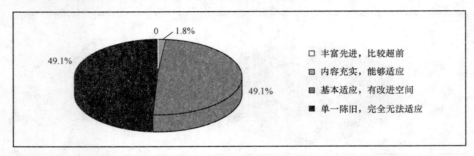

图7-5 实践教学内容对社会需求适应程度的样本分布特征

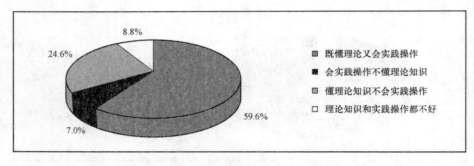

图7-6 实践教学指导教师类型的样本分布特征

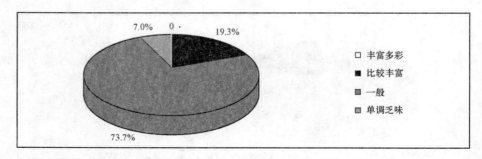

图7-7 对实践教学形式评价的样本分布特征

第7章 青岛科技大学工商管理专业实践教学质量的调查分析与综合评价

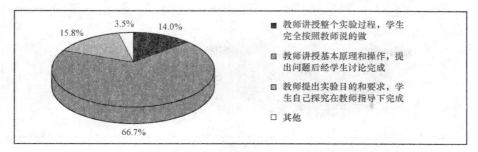

图 7-8 对实践教学授课模式评价的样本分布特征

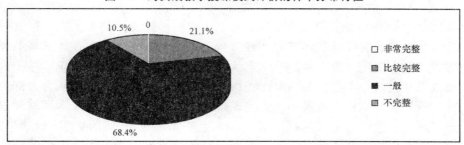

图 7-9 实践教学资料完整性的样本分布特征

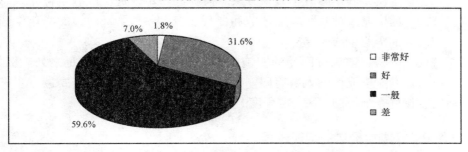

图 7-10 实践教学过程计划性的样本分布特征

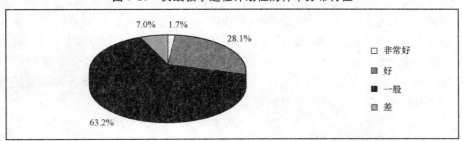

图 7-11 实践教学过程规范性的样本分布特征

通过上述指标的调查分析发现：青岛科技大学工商管理专业 2011 届毕业生普遍重视实践教学这种教学手段，57.9%的毕业生认为现有的实验设施和场地无法

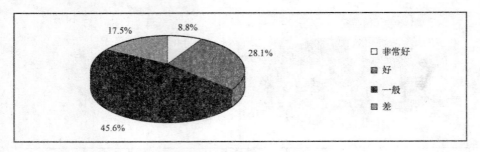

图 7-12 学生对实践教学环节和课程满意度的样本统计特征

满足实践能力的培养要求，31.6%的毕业生认为能部分满足培养要求，很大一部分学生认为目前的实践教学环节和实践课程安排的时间太少，实践教学环节和课程方案设计的合理性一般，大部分学生认为本专业的实践教学内容单一陈旧，有待继续改进和创新。毕业生对实践课程指导教师的满意程度较高，认为大部分教师既懂理论知识又擅长实践操作，实践课教师大多采用讲授课程基本原理和操作后提出问题经学生讨论完成的授课方式。学生基本满意该专业的实践教学形式，但仍然存在很大的提升空间。在实践教学内容的完整性、过程的规范性和计划性上，大部分学生反馈的实际教学效果一般，需要进一步改进实践教学体系。总的来说，45.6%的毕业生对实践教学环节和课程满意度一般，28.1%的毕业生选择"好"，17.5%的毕业生选择"差"。

综合以上分析，该调查问卷的实施基本符合合格，但仍有不足之处，例如，由于工商管理专业毕业生的人数有限，数据样本数量相对较少。若要进一步进行实证研究，该调查结果仍存在一定程度的局限性。

7.2.3 模糊评价法的实现过程

按照 3.2.5 中介绍的评价方法，对问卷调查收集到的数据整理、归类和分析，利用专家打分法给表 7-1 中的三级指标赋权，采用模糊评价法对青岛科技大学工商管理专业 2011 届毕业生实践能力进行评价。根据专家打分法，对能力层级各要素的数据调查得到一级指标的权重为：0.3（基础能力模块），0.4（专业技能模块），0.3（解决问题的综合能力模块）。各级能力模块的具体能力要素及各自的权重在表 7-1 中得到体现。对各个评价等级的评分如下：

1＝完全不符合；2＝不太符合；3＝基本符合；4＝比较符合；5＝完全符合。

所以评定集的数值化结果 $S=(1, 2, 3, 4, 5)$

根据青岛科技大学工商管理专业 2011 届毕业生基于"B-S-P"能力层级的统计结果，经过分析计算得到综合评价结果（该隶属度是能力指标的统计结果占总人数的比重，即以各个具体能力各个评价等级下的数值除以有效问卷数量），具体如表 7- 所示。

第7章 青岛科技大学工商管理专业实践教学质量的调查分析与综合评价

表7-1 青岛科技大学工商管理专业实践教学效果综合评价调查

评价系统（一级指标）	权重	评价项目（二级指标）	权重	观测点（三级指标）	权重	1	2	3	5
A1 基础能力模块	0.3	A11 表达沟通能力	0.12	A111 能够很好地用语言表达自己的思想，与人沟通无障碍	0.5	0			0.175
				A112 能够在大众面前自如演讲，演讲吸引人，产生良好的效果	0.3	0			0.053
				A113 能够很好地应对社会上的招聘面谈，应聘成功率高	0.2	0	0.19		
		A12 信息收集能力	0.1	A121 能够用互联网进行文献资料的检索查询			0.12	0.263	0.298	0.316
				A122 能够用学校电子图书馆的学术期刊数据库查阅学术文献			0.18	0.386	0.175	0.263
				A123 能够在有关外文网站查阅外文资料	0.1		0.18	0.316	0.333	0.088
				A124 能够对信息进行筛选和处理，整理和编辑信息资料	0.4			0.263	0.404	0.105
		A13 调查研究能力	0.1	A131 能够进行调查问卷和量表的设计	0.2	0.035	0.14	0.351	0.333	0.14
				A132 能够根据抽样调查和统计原理进行科学的抽样调查	0.2	0.123	0.19	0.351	0.246	0.088
				A133 掌握数据统计分析的基本方法，能够用有关软件进行统计数据分析	0.3	0.07	0.14	0.439	0.263	0.088
				A134 会进行网络调查和访谈调查	0.05	0.035	0.09	0.474	0.333	0.07
				A135 能够根据调查结果进行问题的总结分析	0.2	0	0.11	0.404	0.386	0.105
				A136 能够撰写形式、内容规范的调研报告	0.05	0.018	0.18	0.404	0.316	0.088
		A14 公文撰写能力	0.12	A141 能够撰写一般性的公务文书，包括请示、报告、指示、批复、通知、通报、决定、函件、会议纪要等	1	0.053	0.32			

续表

评价系统（一级指标）	权重	评价项目（二级指标）	权重	观测点（三级指标）	权重	1	2	3	4	5
A1 基础能力模块	0.3	A15 基本外语能力	0.12	A151 能够用外语进行日常交流	0.3	0.053	0.32	0.351	0.211	0.07
				A152 能翻译一般的外文资料	0.4	0.105	0.18	0.439	0.175	0.105
				A153 能撰写基本的外文文书	0.3	0.316	0.35	0.175	0.123	0.035
		A16 办公软件操作能力	0.1	A161 能够熟练地使用电脑，进行电脑软硬件的日常维护	0.2	0	0.39	0.351	0.175	0.088
				A162 能够熟练使用Word、PPT、Excel、PDF等基本办公软件	0.5	0	0.14	0.404	0.351	0.105
				A163 能够使用Visio、Project、Photoshop等专业办公软件	0.3	0.123	0.35	0.404	0.088	0.035
		A17 团队合作能力	0.11	A171 在校期间经常以团队的形式完成特定的任务和目标	0.2	0.035	0.21	0.404	0.228	0.123
				A172 具有较好的团队合作意识	0.3	0	0.21	0.456	0.298	0.035
				A173 善于协调团队成员间的关系	0.3	0	0.19	0.456	0.281	0.07
				A174 能够顺利解决团队合作中出现的矛盾和问题	0.2	0.018	0.23	0.421	0.211	0.123
		A18 环境适应能力	0.12	A181 能够迅速适应新环境，与周围的新人能够很快熟悉起来	0.3	0.018	0.23	0.421	0.211	0.123
				A182 具有较强的心理自我调节能力	0.3	0.018	0.16	0.316	0.246	0.263
				A183 具有较好的社交能力和处世能力，具有良好的人际关系	0.4	0.035	0.05	0.491	0.246	0.175
		A19 知识学习能力	0.11	A191 对新事物和新知识常常具有很强的好奇心和兴趣	0.4	0.018	0.26	0.351	0.281	0.088
				A192 能够快速高效地学习并掌握课堂内外的新知识	0.4	0.035	0.09	0.404	0.316	0.158
				A193 能够轻松顺利地通过各门课程的考试，以及各种技能性等级考试	0.2	0.053	0.16	0.404	0.263	0.123

第7章 青岛科技大学工商管理专业实践教学质量的调查分析与综合评价

续表

评价系统(一级指标)	权重	评价项目(二级指标)	权重	观测点(三级指标)	权重	1	2	3	4	5
A2 专业技能模块	0.4	A21 人力资源管理能力	0.12	A211 掌握人力资源管理的一般流程,能够制定人力资源规划	0.4	0.035	0.21		0.211	0.105
				A212 会进行工作分析,制作工作岗位说明书	0.3	0.018	0.21		0.228	0.123
				A213 能够进行常用的薪酬体系和绩效管理体系的设计	0.3	0.105	0.33		0.07	0
					0.4	0.018	0.54	0.281	0.14	0.018
				A222 会编制主要的财务报表	0.2	0.053	0.44	0.211	0.211	0.088
					0.4	0.035	0.35	0.351	0.228	0.035
					0.3	0.105	0.11	0.491	0.14	0.158
					0.2	0.105	0.12	0.421	0.333	0.018
		A23 市场营销能力	0.12	A233 能够针对具体产品制定营销策略	0.1	0.097	0.13	0.484	0.194	0.097
				A234 掌握电子商务和网络营销的基本技能	0.1	0.065	0.32	0.323	0.194	0.097
				A235 能够撰写营销策划方案	0.1	0.065	0.13	0.516	0.226	0.065
				A236 掌握常用的推销技巧和策略	0.2	0.065	0.16	0.419	0.258	0.097
		A24 商务谈判能力	0.1	A241 熟悉常见的商务术语和商务礼节	0.3	0.065	0.35	0.323	0.161	0.097
					0.4	0.065	0.45	0.258	0.194	0.032
					0.3	0.097	0.48	0.258	0.161	0

续表

评价系统（一级指标）	权重	评价项目（二级指标）	权重	观测点（三级指标）	权重	1	2	3	4	5
A2 专业技能模块	0.4	A25 项目策划与投资分析能力	0.1	A251 能够针对具体项目，撰写项目可行性研究报告、项目评价报告	0.5	0.065	0.03	0.355	0.452	0.097
				A252 会撰写项目策划书	0.3	0.065	0.1	0.355	0.452	0.032
					0.2	0.032	0.13	0.387	0.419	0.032
		A26 商务英语能力	0.08	A261 掌握一定的商务英语专用词汇	0.2	0.065	0.19	0.355	0.323	0.065
				A262 能够进行基本的商务英语听说	0.5	0.097	0.16	0.387	0.323	0.032
				A263 能够处理日常外贸商务函电	0.3	0.161	0.39	0.258	0.194	
		A27 经济分析与预测能力	0.08		1	0.226	0.39	0.226	0.129	0.032
		A28 生产运作规划能力	0.08		0.5	0.065	0.19	0.548	0.161	
					0.3	0.097	0.19	0.484	0.194	0.032
					0.2	0.129	0.23	0.484	0.129	0.032
		A29 组织与流程设计能力	0.08		0.5	0.065	0.19	0.323	0.323	0.097
					0.3	0.032	0.19	0.452	0.323	0
					0.2	0.032	0.26	0.387	0.29	0.032

第7章 青岛科技大学工商管理专业实践教学质量的调查分析与综合评价

续表

评价系统（一级指标）	权重	评价项目（二级指标）	权重	观测点（三级指标）	权重	1	2	3	4	5
A3 解决问题的综合能力模块	0.3	A31 创业能力	0.25	A311 具有较强的成功愿望和获得权力的愿望，自主性强	0.2	0.032	0	0.194	0.516	0.258
				A312 具有敏锐的市场洞察力、创造力和适应能力	0.3	0.032	0.23	0.419	0.29	0.032
				A313 自信、具有强烈的社交意识，愿意寻求与他人合作，责任意识强	0.2	0.032	0.06	0.419	0.355	0.129
				A314 具有很强的忍耐力、心理承受能力和承担风险的能力	0.2	0.032	0.03	0.323	0.323	0.29
				A315 在校期间有过小型创业	0.1	0.452	0.29	0.097	0.129	0.032
		A32 创新能力	0.15	A321 具有勇于冒险、开拓进取的创新意识	0.3	0	0.1	0.355	0.355	0.194
				A322 常常能够产生创新思维和火花	0.5	0.097	0.16	0.484	0.194	0.065
				A323 在校期间获得过创新方面的成果奖励	0.2	0.419	0.23	0.226	0.129	0
		A33 战略思考能力	0.15	A331 与他人相比，更具备前瞻性战略眼光	0.3	0.194	0.26	0.387	0.161	0
				A332 与他人相比，能够更加系统全面地思考问题	0.4	0.032	0.29	0.452	0.129	0.097
				A333 与其他人相比，做事更有谋略和智慧	0.3	0.032	0.19	0.355	0.419	0

续表

评价系统（一级指标）	权重	评价项目（二级指标）	权重	观测点（三级指标）	权重	1	2	3	4	5
A3 解决问题的综合能力模块	0.3	A35 决策应变能力	0.25	A351 能够正确理解出现的问题，做出有效的判断和决策	0.3	0.065	0.1	0.387	0.258	0.194
				A352 对事物的发展规律有预见性，善于把握机遇	0.4	0.097	0.1	0.452	0.258	0.097
				A353 面对突发事件和情况能够沉着冷静，快速反应，解决问题	0.3	0.032	0.06	0.194	0.484	0.226

综合评价的计算步骤如下：

（1）以"表达沟通能力"为例，对其第三级因素集（观测点）进行综合评价。

$A11 = (0.5 \quad 0.3 \quad 0.2)$

$R11 = \begin{pmatrix} 0 & 0.07 & 0.404 & 0.351 & 0.175 \\ 0 & 0.35 & 0.333 & 0.263 & 0.053 \\ 0 & 0.19 & 0.386 & 0.333 & 0.088 \end{pmatrix}$

$B11 = A11 \times R11 = (0 \quad 0.178 \quad 0.38 \quad 0.321 \quad 0.121)$

同理计算

$B12 = (0.044 \quad 0.146 \quad 0.293 \quad 0.319 \quad 0.198)$

$B13 = (0.055 \quad 0.143 \quad 0.396 \quad 0.304 \quad 0.102)$

$B14 = (0.053 \quad 0.316 \quad 0.351 \quad 0.21 \quad 0.07)$

$B15 = (0.058 \quad 0.165 \quad 0.281 \quad 0.133 \quad 0.063)$

$B16 = (0.037 \quad 0.253 \quad 0.393 \quad 0.236 \quad 0.081)$

$B17 = (0.011 \quad 0.209 \quad 0.439 \quad 0.26 \quad 0.081)$

$B18 = (0.025 \quad 0.137 \quad 0.418 \quad 0.235 \quad 0.186)$

$B19 = (0.032 \quad 0.172 \quad 0.382 \quad 0.291 \quad 0.123)$

（2）对第二级因素集即评价项目进行综合评价。

$A1 = (0.12 \quad 0.10 \quad 0.10 \quad 0.12 \quad 0.12 \quad 0.10 \quad 0.11 \quad 0.12 \quad 0.11)$

根据步骤（1）得到

第7章 青岛科技大学工商管理专业实践教学质量的调查分析与综合评价

$$R1 = \begin{bmatrix} 0 & 0.178 & 0.38 & 0.321 & 0.121 \\ 0.044 & 0.146 & 0.293 & 0.319 & 0.198 \\ 0.055 & 0.143 & 0.396 & 0.304 & 0.102 \\ 0.053 & 0.316 & 0.351 & 0.21 & 0.07 \\ 0.058 & 0.165 & 0.281 & 0.133 & 0.063 \\ 0.037 & 0.253 & 0.393 & 0.236 & 0.081 \\ 0.011 & 0.209 & 0.439 & 0.026 & 0.081 \\ 0.025 & 0.137 & 0.418 & 0.235 & 0.186 \\ 0.032 & 0.172 & 0.382 & 0.291 & 0.123 \end{bmatrix}$$

$B1 = A1 \times R1 = (0.034\ 439\quad 0.191\ 579\quad 0.369\ 93\quad 0.254\ 842\quad 0.113\ 211)$

结合上述两个步骤得到

$$R2 = \begin{bmatrix} 0.052\ 6 & 0.268\ 4 & 0.49 & 0.196 & 0.09 \\ 0.031\ 5 & 0.445\ 6 & 0.294\ 7 & 0.189\ 5 & 0.038 \\ 0.088 & 0.146 & 0.447\ 7 & 0.221\ 6 & 0.096 \\ 0.074 & 0.435 & 0.277 & 0.174 & 0.042 \\ 0.058 & 0.071 & 0.361 & 0.445 & 0.064 \\ 0.109 & 0.235 & 0.342 & 0.284 & 0.029 \\ 0.226 & 0.387 & 0.226 & 0.129 & 0.032 \\ 0.087 & 0.2 & 0.516 & 0.164 & 0.031 \\ 0.048 & 0.206 & 0.374 & 0.316 & 0.55 \\ 0.064 & 0.42 & 0.338 & 0.162 & 0.016 \\ 0.232 & 0.425 & 0.238 & 0.084 & 0.019 \end{bmatrix}$$

$$R3 = \begin{bmatrix} 0.029 & 0.087 & 0.313 & 0.326 & 0.145 \\ 0.048 & 0.116 & 0.322 & 0.339 & 0.148 \\ 0.132 & 0.155 & 0.394 & 0.229 & 0.090 \\ 0.080 & 0.252 & 0.403 & 0.226 & 0.039 \\ 0.074 & 0.187 & 0.332 & 0.3 & 0.106 \\ 0.067 & 0.087 & 0.354 & 0.326 & 0.164 \end{bmatrix}$$

$B2 = A2 \times R2 = (0.092\ 45\quad 0.280\ 21\quad 0.363\ 93\quad 0.223\ 53\quad 0.051\ 88)$

$B3 = A3 \times R3 = (0.075\ 806\quad 0.149\ 194\quad 0.355\ 32\quad 0.294\ 35\quad 0.118\ 87)$

(3)对第一级因素即评价系统进行综合评价。

$A = (0.3\quad 0.4\quad 0.3)$

根据步骤(2)得到

$$R = \begin{bmatrix} 0.034\ 439 & 0.191\ 579 & 0.369\ 93 & 0.254\ 842 & 0.113\ 211 \\ 0.092\ 45 & 0.280\ 21 & 0.363\ 93 & 0.223\ 583 & 0.051\ 88 \\ 0.075\ 806 & 0.149\ 194 & 0.355\ 32 & 0.294\ 35 & 0.118\ 87 \end{bmatrix}$$

则 $B = A \times R =$ (0.070 053　0.214 316　0.361 47　0.254 172　0.090 377)

(4) 计算最终评价值。

$S = (1, 2, 3, 4, 5)^T$

则该综合评分 $V = B \times S = 3.056\ 69$

根据评定集的数值化结果 $S = (1, 2, 3, 4, 5)$，其中 3 代表基本符合标准，说明青岛科技大学工商管理专业学生实践能力基本上符合第 2 章建立的"B-S-P"能力层级的要求，但是实践教学体系有待进一步改进和完善。根据 $R1$，基础能力中的公文撰写能力、办公软件操作能力和团队合作能力教学效果差。根据 $R2$，专业技能中的财务报表编制审阅能力、商务谈判能力、商务英语能力、经济分析与预测能力、国际贸易和证券投资实务操作能力教学效果有待改进。根据 $R3$，解决问题的综合能力模块中的创新能力、创业能力的实践教学需要完善和改进。

7.3　青岛科技大学工商管理专业实践教学体系的改进措施

为了提高工商管理专业的实践教学体系质量，本研究根据调查和综合评价结果，从三个层面提出改进青岛科技大学工商管理专业实践教学体系的措施，即实践过程、实践内容、实践效果。

7.3.1　基于实践过程的改进措施

(1) 实践资料完整性方面的改进措施。实践教学文件对于工商管理专业的实践活动有重要指导作用，为了帮助学生更好地完成工商管理专业的实践过程，建立和完善实践教学文件势在必行。在实践项目实施上，学校应切实做好各种学生实践活动的记录；在实践教学规则方面，应该制定纲领性的指导文件，如实习项目一览表、工商管理专业实践教学指导手册、教学大纲、实践教学的安全守则等；在实践过程方面，实习过程记录、工作实习报告、实习鉴定单、效果反馈方案等文档资料对完善工商管理专业基于过程的实践活动有重大作用；另外，对于实验设施的整理和维修、撰写论文注意事项、实习指导等，也应该有相应的管理文件。

(2) 实践计划及时性方面的改进措施。

① 随时更新和完善实践教学课程内容。高等学校教育不仅在于给学生传输文化知识，更重要的是鼓励学生探索新知识。因此，青岛科技大学的实践教学体系应当不断更新教学内容，改革和完善教学方法，确保教学内容紧跟时代发展的步伐，不断精简实践教学内容，压缩理论教学时间，将理论教学和实践教学结合起来。学校应该定期对实践教学内容进行总结和修正，并根据修正的实践教学大纲来完善实践教学课程的内容。

② 增加实践教学的课时，推广"小学期"制。根据调查数据统计，84.2%的毕

第7章 青岛科技大学工商管理专业实践教学质量的调查分析与综合评价

业生认为实践教学的时间安排有点少,10.5%的毕业生认为时间安排不合理,所以应当制定合理的每学期的实践教学安排,适当延长每学期的实践教学课时,比如将过去学校普遍采用的"考试月"适当压缩,将节约下来的时间用于实践教学课程或适当调整理论课程和实践课程的课时比例,增加实践课程课时。

学校可以采用"小学期"制教学,即鼓励学生充分利用寒暑假参与实践活动。为了增加学生的社会知识和拓宽学生的视野,一方面学校可鼓励学生根据个人的需求参与各种社会调研、专业实训、企业实习等,另一方面学校可集中邀请相关领域的企业家为学生授课或者安排学生到其他高校短期学习。

(3)实践程序规范性方面的改进措施。

①健全实践教学的监督体系。监督不仅可以约束实践教学体系参与者的行为,并能为实践教学的过程改进提供依据。学校应及时对整个实践教学过程进行总结、反馈和评价。总之,对实践教学体系的监督是一个不断循环、持续改进的过程。

建立一个有效的监督体系需要多方的协调配合。首先,学校应该组建实践教研小组,其任务主要有:制定或者更新实践教学的目标、方针、原则;完善教学方案;制定教学资料文件;确定人才培养计划等。其次,学校要完善关键的教学行政事务系统,离不开班级、院系任何一方的配合,它主要依靠管理实践活动发挥监督作用。最后,学校要建立实践教学的检查组,它的功能是制定监督方案,随时监控实践教学过程,为教学评估提供参考(图7-13)。

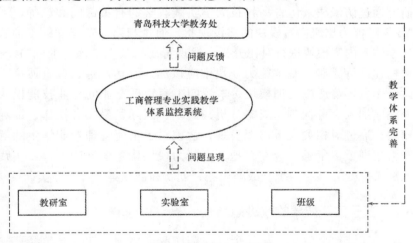

图7-13 实践教学监督体系

②建立科学的实践教学评价机制。实践教学评价机制对于教学过程的规范性意义重大,要从实践教学的过程、内容和效果上建立科学的评价标准,为工商管理专业实践教学体系提供科学的测评依据,激励学校严格按照教学规范资料开展实践教学活动(图7-14)。

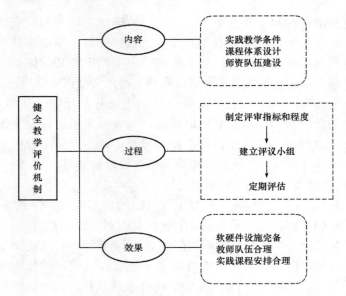

图 7-14　实践教学评价机制

7.3.2　基于实践内容的改进措施

本研究通过访谈法采访青岛科技大学实践教学的有关部门和教师，了解了该专业在"B-S-P"能力层级内容模块的建设现状。通过与第 3 章建立的工商管理专业的实践教学体系内容模块进行对比分析，发现青岛科技大学该专业的"B-S-P"能力层级模块构建有待完善，基本能力模块中应该加入表达沟通、调查研究、公文撰写、团队合作、环境适应实训模块。学校的工商管理专业的专业技能模块比较完善，此外还应加入商务谈判、战略分析与规划、国际贸易实务操作、证券投资分析实训模块。通过对相关人员访谈发现，学校对于工商管理专业学生的解决问题的综合能力培训重视不够，应在其他两个能力模块构建的基础上，在实践教学体系中加入决策应变、领导组织、战略思考、创新和创业等综合能力实训模块。

7.3.3　基于实践效果的改进措施

为了提高实践教学效果，从三个方面提出改进措施：加大教学经费的引进和投入力度，为实践教学体系提供硬件支撑；通过校企合作、校际合作等方式搭建实践教学平台；打造"双师型"师资队伍，保证实践教学的高质量。

（1）为了切实保证实践教学效果，首先，地方政府应增加对实践教学的经费投入，保证实践教学资金到位。其次，学校可以通过社会服务与校友捐赠的方式为学校筹集教育经费。最后，实践教学环节的琐碎要求学校精细化管理实践教学经费，将专项经费具体化到每一个实践教学的细节中，以确保各项经费落到实处。

(2)学校应当搭建校企合作、校际合作的互利平台。通过校企合作平台,学生可以真正进入企业,了解企业的文化、前景和竞争力,在实践中增强自己的基础能力、专业技能和解决问题的综合能力,了解真实的社会需要,找到自身的优势和不足之处。通过与企业的沟通和交流,学校构建真正满足社会需要的人才培养方案。通过校际合作,促进学校之间在科研、教学、社会服务、师资等方面的优势互补,搭建学校之间的资源合作和共享平台。例如,通过学分互认,让学生在不同学校感受不一样的文化氛围等。

(3)学校师资队伍建设直接决定青岛科技大学工商管理专业的实践教学水平。第一,应该调整实践教学的师资队伍结构。高学历教师、高技能教师和经验丰富的教师比例要适当,根据实践课程的具体需要安排合适的指导教师教授相应的实践课程。应加强与相应行业或者企业的沟通交流,聘请企业内部专家或技能高手做兼职教师,把企业的实践知识和经验传授给学生或教师。第二,注重教师培训,打造专业教师队伍。鼓励教师深入企业实践或者考取相关职业资格证书,有针对性地制定教师培养方案和计划,进一步提高教师的职业素质和实践能力。

第8章 基于"B-S-P"能力层级工商管理专业实践教学体系的优化设计与改革建设

8.1 "B-S-P"能力层级的培养路径对实践教学体系建设的要求

(1) 应以企业需求为导向,设立明确的大学生就业能力培养目标与战略。实践教学体系的建设,需要考虑市场及企业的需求,也需要考虑实践教学本身在教学系统中的位置及重要性。随着招生规模的扩大,毕业生的数量越来越多,同时待业人数也越来越多,大学毕业生就业形势变得异常严峻,毕业生数量的增长与就业岗位的增长速度不成正比、教育经费投入与产出不成正比的矛盾开始凸显。因此,要想提高毕业生的就业质量,就必须提高大学生的实践能力。随着经济全球化与"互联网+"技术的不断发展,当今世界在经济、文化、科学等领域发生了翻天覆地的变化,企业对大学生的知识、技能、观念也提出了新的要求,这意味着原有的培养目标和培养方式已不再完全适用。所以,实践教学体系应以企业需求为导向,设立明确的大学生就业能力培养目标与战略。现阶段,大学不仅要传授给学生知识,还需培养学生的各项实践技能,以培养适应就业市场需求的大学生。例如:无论什么工作环境都需要的基础能力——表达沟通能力、信息收集能力、调查研究能力、公文撰写能力、基本外语能力、办公软件操作能力、团队合作能力、环境适应能力、知识学习能力等;具体岗位所需要的专业技能——人力资源管理能力、财务报表编制审阅能力、市场营销能力、战略分析能力、商务谈判能力、项目策划与投资分析能力等;能快速适应技术的进步、社会的发展、工作岗位的转换以及未来的创业等的解决问题的综合能力——创业能力、创新能力、战略思考能力、领导组织能力、决策应变能力。本研究认为,大学生就业能力提升应以企业需求为导向,保障就业的质量,培养符合社会需要的具有基础能力、专业技能和解决问题的综合能力的职业人员。

(2) 基于"B-S-P"能力层级实现实践教学体系的系统设计。为实现实践教学体系的系统设计,就必须以"B-S-P"能力层级为设计基础。从目前工商管理专业实践教学体系的现状来看,实践教学内容以理论教学为主、实践教学为辅,虽实现了理

第 8 章 基于"B-S-P"能力层级工商管理专业实践教学体系的优化设计与改革建设

论教学的学术性，但实践教学未能得到应有的重视。且实践教学体系不完善，实践教学内容陈旧、形式简单，教学方法和教学手段较为落后。然而最重要的问题是实践教学体系的设计，不论是实践课程设计还是实习，每一个实践教学单元都与理论课衔接，都是理论课程的衍生品，是理论课延伸到企业运用的内容，每个实践课程的内容简单，时间较短，并不是依据学生所需能力进行培养，导致学生能力发展目标不明确，培养效果不明显。随着高等教育的进步和企业需求的不断发展，对传统的实践教学方式进行改革已是大势所趋，因此，要建设基于"B-S-P"能力层级的培养路径的实践教学体系，就要从企业所需的基础能力着手，分析出学生发展所必需的所有能力，以培养这些能力为目的来进行课程设计与实践教学体系的设计，才能将学生能力与实际情况具体联系，明确学生能力的发展目标，达到理想的效果。

(3) 按照实践能力的培养和发展规律进行实训模块的开发与设计。在以"B-S-P"能力层级为设计基础的前提下，实现工商管理专业实践教学体系的优化设计与改革建设的必要条件，是依照实践能力的培养和发展规律进行实训模块的开发与设计。目前，青岛科技大学工商管理专业实践教学体系主要存在对学生能力培养不系统、不连贯，实践教学环节的组织缺乏连续性、系统性和衔接性等问题，且并非依据学生能力的发展规律制定实践课程。这样就导致学生实践能力培养不到位，实践课程走过场的结果。在前文的分析中可以得出"B-S-P"能力层级的发展主要分三个部分：基础能力发展、专业技能发展与解决问题的综合能力的发展。这三个部分层层递进、环环相扣，前者是后者的基础，后者是前者的延伸，其发展过程不可逆转。因此，在对实训模块进行开发设计时，首先要设计开发与基础能力要素相对应的基础能力模块，在学生的基础能力得到充分发展的前提下，再对专业技能进行培训，最后在前两部分能力发展的基础上对解决问题的综合能力进行培训，这样符合学生实践能力的发展要求，利于学生实践能力目标明晰，使得实践教学体系效果最大化。

(4) 建立实践教学效果评价与反馈体系。工商管理类实践教学体系存在着很多弊端，缺乏专门的实践教学规划、管理、研究、评价机制，为实现实践教学体系的系统设计，就必须对教学评价机制与反馈体系做出改进。从教学评价机制方面来看，以往仅仅注重对学生理论知识能力的考核评价已经不再适应教学体系的要求，在教学体系的系统设计中，更应当加入以基础能力、专业技能、解决问题的综合能力为核心的实践能力的考核评价，让学生认识到实践能力的重要性，以此来激发学生发展自身实践能力；而对教师的评价机制不再仅仅包含课时、科研成果、论文发表等方面，要着重强调在学生实践能力提升过程中的贡献度，让学生真正成为评价的主体，实施过程中注重评价手段的多样化与评价标准的多元化，建立一套科学严谨的教学评价系统。从反馈体系来看，目前工商管理专业实践教学体系的反馈体系并不健全，一方面学生对实践课程往往疲于应对，与教师的沟通较少；另一方面，由于反馈机制不明确，学生求助无门，不知去哪、向谁进行反馈。由此，实践教学体系方向单一，无法形成一个闭环循环系统，不利于实践教学体系的革新。因此，建立良好的机制完善的反馈体系，设置明确的反馈方式，激励学生对实践课程做出评价并提出建议，有利于教学体系的完善与提高。

8.2 基于"B-S-P"能力层级的工商管理专业实践教学培养目标体系分析

工商管理专业学生的能力形成过程是渐进式的，在具备一定的素质、知识和经验后经过长期系统训练而形成，其中实践作用功不可没。而工商管理专业实践教学培养的目标体系是通过对工商管理专业学生"B-S-P"能力层级的需求分析来确定培养目标(图8-1)。

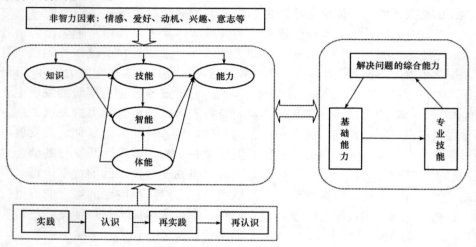

图 8-1　工商管理专业学生能力的形成过程

本研究通过了解国内外相关实践教学体系理论和实践，并实际调查和采访，按照工商管理专业循序渐进的实践培养模式，确立了"B-S-P"能力层级的划分标准，接下来系统介绍基础能力、专业技能、解决问题的综合能力中的各个详细指标的具体内涵。

8.2.1　基础能力训练层的目标分析

基础能力训练层的目标分析将对工商管理专业学生应具备的基础能力标准进行详细描述，具体内容如表 8-1 所示。

第8章 基于"B-S-P"能力层级工商管理专业实践教学体系的优化设计与改革建设

表 8-1 基础能力训练层目标分析

能力类型	基础能力训练层目标分析
表达沟通能力	能够准确地表达自己的想法,能够准确理解别人想传达的信息,能够进行良好的书面沟通,掌握一般的沟通技巧,能够当众自如演讲,能够应对招聘面谈等
信息收集能力	能够使用互联网和电子图书馆进行文献检索和资料查询,能够进行信息收集、分类整理、筛选和编辑等
调查研究能力	具有在明确调研目的基础上通过参与调研过程来完成调研成果的能力,例如能够设计调查问卷和量表,掌握抽样调查的方法,能够进行网络调查和实地访谈,能够进行问卷数据处理与统计分析,能熟练使用数据分析软件,具有对数据详细研究和概括总结的能力,能在有效信息的基础上形成结论,能够撰写调研分析报告等
公文撰写能力	能够撰写一般性的公务文书,包括请示、报告、指示、批复、通知、通报、决定、函件、会议纪要等
基本外语能力	能够用英语日常生活用语进行简单交流,能对简单外语资料进行翻译,能根据职业需要撰写基本的外文文书
办公软件操作能力	了解基本的电脑常识,能够进行文件保存、传输和共享,熟练掌握 Word、Excel、PPT 等基本办公室软件的操作
团队合作能力	能够形成良好的团队合作的意识,能够协调好团队各方的关系,能够处理团队合作中出现的难题等
环境适应能力	能在不同环境下快速转换角色,具备较强的心理防御机制,掌握适应环境的社交能力、处世能力和人际关系能力等
知识学习能力	能够以高效快捷的方式掌握信息和知识,能够顺利通过专业课程和各种技能性等级考试,能够熟练使用学习工具

8.2.2 专业技能综合实训层的目标分析

表 8-2 的专业技能综合实训层目标分析是对专业技能的具体要素进行分析,建立起工商管理专业学生的专业技能培养标准体系。

表 8-2 专业技能综合实训层目标分析

能力类型	专业技能综合实训层目标分析
人力资源管理能力	掌握分析和解决企事业单位人力资源开发与管理的常见问题,包括能够设计工作岗位说明书、招聘流程、绩效考核体系、薪酬体系等
财务报表编制审阅能力	能够编制财务报表并能根据财务报表分析企业财务状况,包括能够编制资产负债表、现金流量表、损益表、利润表等会计报表,能够使用电算化软件,会根据关键财务指标分析会计报表等

续表

能力类型	专业技能综合实训层目标分析
市场营销能力	会进行市场调研，能够进行市场分析和趋势预测，能够根据具体产品制定营销策略，掌握电子商务和网络营销的基本技能，能够撰写营销策划方案，掌握常见的营销技巧和策略
商务谈判能力	掌握常见商务术语和商务礼节，掌握谈判的技巧，能够制定谈判方案，能够起草商务合同
项目策划与投资分析能力	能够明确项目的总体投资目标和投融资方案，能够对投资目标的可行性进行经济分析，包括能够针对具体项目撰写项目可行性研究报告、项目评价报告、掌握项目进度计划和项目资源计划等的编制方法，能够编制和优化网络计划，能够撰写项目策划书等
商务英语能力	掌握一定的商务英语专用词汇，能够处理外贸商务函电，能够进行基本的商务英语听说读写等
经济分析与预测能力	能够根据经济数据进行经济预测，并在经济预测基础上分析经济发展趋势，包括熟练运用 SPSS 等软件分析工具、能够制订企业的未来计划等
生产运作规划能力	掌握企业生产经营活动的综合规划的一般技能，例如能够进行企业生产选址，能够绘制装配流程图和生产过程流程图，能够制定企业的需求预测、生产计划、制造资源计划、企业资源规划等
组织与流程设计能力	能够根据组织的性质设计组织架构、绘制组织结构图，能够设计各种职能部门的工作流程、绘制工作流程图，能够对工作流程进行分析与优化等
战略规划分析能力	能够清晰地分析组织的内外部环境并预测未来可能发生的挑战和机遇，包括能够收集有效信息，能够客观地审视企业环境变化，能提出前瞻性的指导性意见等
国际贸易和证券投资实务操作能力	能够熟练进行国际贸易业务的各种实际操作，掌握证券投资主要技术指标的计算和分析方法等
管理信息系统操作与开发能力	掌握管理信息系统的基本原理和功能，能够操作使用管理信息系统等

8.2.3 解决问题的综合能力培养层的目标分析

通过对解决问题的综合能力培养层中具体要素进行分析，建立起工商管理专业学生综合能力的培养标准(表 8-3)。

第8章 基于"B-S-P"能力层级工商管理专业实践教学体系的优化设计与改革建设

表8-3 解决问题的综合能力培养层目标分析

能力类型	解决问题的综合能力培养层目标分析	实训模块
创业能力	具有较强的成功愿望和获得权力的愿望，自主性强；具有敏锐的市场洞察力、创造力和适应能力；自信，具有强烈的社交意识，乐于与他人合作，责任意识强；具有很强的忍耐力、心理承受能力和承担风险的能力；在校期间有过小型创业等	企业家讲座论坛 创业技能实训 创业设计大赛 创业模拟实训基地
创新能力	具有勇于冒险、开拓进取的创新意识，能够产生创新思维，具备基本的创新技能，在校期间获得过创新方面的成果奖励等	科技竞赛 创新竞赛 创新模拟实训
战略思考能力	具有在全局性、方向性、长远性基础上观察、思考和处理问题的综合性能力，具有前瞻性战略眼光，能够全面系统地思考问题，做事更有谋略和智慧	结构化思维技巧训练 战略性商业模式培训 沙盘模拟实训
领导组织能力	具有良好的个人威信、较强的影响力和控制力，能够对资源进行合理分配，善于协调和激励群体活动，掌握群体冲突的处理办法等	无领导小组讨论 项目谈判实训 组织领导实训模块
决策应变能力	能够理解和识别出现的机遇和问题，能够进行科学有效的判断，面对突发问题沉着冷静等	决策应变实训模块

8.3 基于"B-S-P"能力层级的实践教学体系模块化设计与开发

8.3.1 基础能力训练层技能模块设计与模块化实践项目开发

（1）开发现状。基础能力模块通过课堂教学、实（试）验与基础能力实训完成，主要培养工商管理专业学生的基本沟通能力、调查研究能力、团队合作能力、环境适应能力等。

目前，青岛科技大学工商管理专业实践教学体系已开发多个模块，其中基础能力训练层技能模块的内容主要包括：管理沟通实验、商务礼仪实验、人才素质测评、Excel与管理决策实验、数据库原理及应用综合实验、统计分析软件认知实验、计算机辅助管理实验、信息检索实验、企业系统认知综合实验、信息化办公设备实验、素质拓展训练等。

（2）开发问题。目前，青岛科技大学工商管理专业实践教学模块的开发主要集中在对办公软件操作能力、表达沟通能力、信息收集能力、环境适应能力的发展方面，而通过前几章对企业与毕业生能力的测评得知,得分最低的是基本外语能力,所以应加强对外语能力的培养,实践教学模块的开发忽略了最关键的一点。

(3)开发策略。在未来应进一步加强对基本外语能力的培养,开发诸如外语口语交流实验、英语翻译与写作综合实验等模块。

8.3.2 专业技能综合实训层技能模块设计与模块化实践项目开发

(1)开发现状。专业技能实训模块主要通过各门专业课的集中实训完成,主要培养学生对专业知识的应用能力。

目前,青岛科技大学工商管理专业实践教学体系已开发多个模块,其中专业技能综合实训模块主要包括组织流程设计、生产选址实验、生产运营模拟、流水线设计、项目投资分析、工作分析实验、生产计划排程等。

(2)开发问题。目前,青岛科技大学工商管理专业实践教学模块的开发主要集中在对生产运作规划能力、人力资源管理能力、项目策划与投资分析能力的提升方面,而通过对企业与毕业生能力评价的分析得知,得分最低的是经济分析与预测能力,其次是国际贸易和证券投资实务操作能力、管理信息系统操作与开发能力,而实践教学模块的开发没有涉及这些能力。

(3)开发策略。专业技能实训模块的实施,是培养学生应用专业知识能力的关键。它通过各个专业课程的单项集中实训完成,可以依托一个实际企业作为模型,每个单项实训按战略、财务、人力与营销、生产、贸易、项目等模块进行,在企业实际状况的大背景下,解决各个模块的问题或针对某个模块进行设计,在实训内容上,实现阶梯化的模式。进一步强化对经济分析与预测能力、国际贸易和证券投资实务操作能力等的提升,开发诸如金融综合分析与决策实验、报关与国际贸易商务实训、管理信息系统综合实验实训、电子商务教学实验系统建设、网络营销教学实验系统建设、人力资源管理教学实验系统建设、项目管理教学实验系统建设等模块。

8.3.3 解决问题的综合能力培养层技能模块设计与模块化实践项目开发

(1)开发现状。解决问题的综合能力实训模块主要通过学生深入企业实践、进行模拟实验等来完成。

目前,青岛科技大学工商管理专业实践教学体系已开发多个模块,其中解决问题的综合能力模块主要包括企业经营决策沙盘模拟、企业经营决策电子模拟、"挑战杯"创业大赛训练等模块。

(2)开发问题。目前,青岛科技大学工商管理专业实践教学模块的开发主要集中在对决策应变能力、创业能力的提升方面,而对战略思考能力、领导组织能力与创业能力的重视程度不够。

(3)开发策略。在创业实训模块,学生可以积极参与企业家讲座论坛、大学生创业竞赛、创业模拟实训基地等;战略思考实训可通过沙盘模拟实验来完成;领

第8章 基于"B-S-P"能力层级工商管理专业实践教学体系的优化设计与改革建设

导组织实训模块可通过情景模拟等形式培养学生的组织能力和领导力；决策应变实训模块则可以设置情景模拟等培养学生的决策能力和随机应变能力。学生也可以进入相关企业进行综合能力的实训。

8.3.4 基于"B-S-P"能力层级实践教学支撑平台整体解决方案

基于"B-S-P"能力层级实践教学支撑平台整体解决方案如图8-2所示。

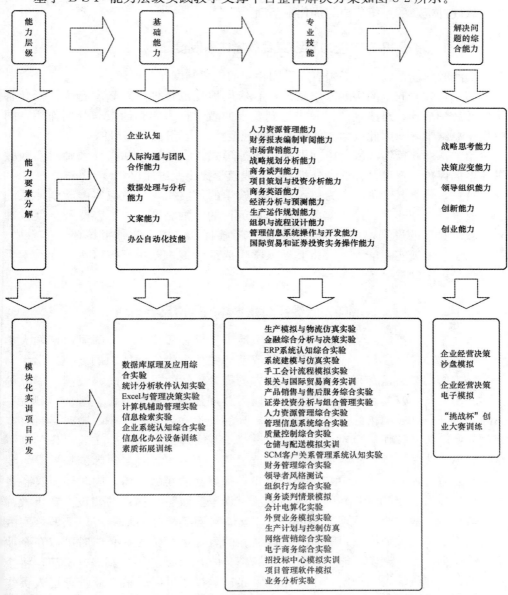

图8-2 基于"B-S-P"能力层级实践教学支撑平台整体解决方案

· 139 ·

8.4 基于"B-S-P"能力层级实践教学体系建设的保障措施

保障基于"B-S-P"能力层级工商管理专业实践教学体系建设与改革方案的顺利实施，必须加强软硬件环境建设。其中，制度建设是重要的保障，师资培养是前提，软硬件资源的系统集成与优化是基础。

8.4.1 基于"B-S-P"能力层级实践教学体系制度建设

实践教学体系的建设必须有一系列相应的规章制度作为保障。

第一，建立齐全的实践教学文件，有依据地规范各种实践教学行为，指导各种实践教学活动，对违规的以及未达到要求的教学行为起到约束与惩罚作用，同时便于总结学习。因此教学文件要求具有规范性、指导性、严谨性。

第二，建立反馈制度，以问卷和访谈等形式，收集学生和指导教师对实践教学体系的评价及意见，并认真分析，对实践教学提出改进建议。

第三，建立激励机制，为显示对实践教学的足够重视，适应实践教学体系的建设要求，必须建立有助于实践教学体系运行的激励制度。为了鼓励和督促教师实践教学水平的发展，可以将其作为职称考核标准，加入教师考核评价体系中。为鼓励学生发展实践能力，可将其纳入学生成绩考核机制中，也可作为优秀学生和奖学金评定的重要条件。

8.4.2 基于"B-S-P"能力层级实践教学体系师资培养策略

本科生导师要在大学生四年的学习生活中发挥积极作用。导师可以带领大学生参与创业项目，参与企业实践活动，或密切关注学生实践能力的变化。学生与导师保持密切联系，有利于学生实践能力的提升。然而目前青岛科技大学的教师大多并不具备丰富的企业实战经验，所以需要加强师资队伍建设，增加"双师型"人才。"双师型"教师指的是教师既具有较高的理论知识教学水平，同时又具有丰富的实践经验及较强的应对能力等。建设一支既懂理论知识又会实践操作的师资队伍，是实践教学体系能够顺利实施的重要基础之一。实践型教师的培养除了要求教师要有过硬的专业理论知识外，更要具备丰富的实战经验，同时还要具备良好的传授能力。"双师型"教师队伍的形成有助于实践教学体系的建设。青年教师大多数没有实战经验，但理论知识比较丰富，对青年教师的培养可以从锻炼实战能力入手。青年教师可以跟随具有实战经验的教师进行学习，必要时可以在企业中进行实训，以提高实践能力。具有实战经验的教师要多与企业进行交流，将企业中的现实案例带入案例实训中，拓宽眼界。学校还可以聘请企业管理层人员作为兼职实践教师对学生进行综合能力实训。兼职教师可以给学校带来社会对工商管理专业人才能力的新要求，可以将丰富的实践经验传授给学生，同时加强学生与企业的联系与合作。

8.4.3 基于"B-S-P"能力层级实践教学体系校企合作模式建设

工商管理类实践教学体系存在着很多弊端，实践教学体系重理论、轻实践，实践教学内容陈旧，脱离企业需求，教学管理水平低等，导致学生实践能力不足，不能成为企业所需要的人才。为适应市场竞争激烈的环境，培养出企业所需人才，要主动加强与企业的合作，坚定走校企合作的道路。校企合作可以达到优势互补、资源共享、互惠互利的目的，使实践教学可以真正实现理论和实践的结合。因此，加强校企合作是适应社会发展的需要，是提升学生实践能力的需要，是培养企业所需人才的需要。学校可以选择适合深度合作的企业，进行企业实训；可以安排学生到企业进行短期实训或毕业实习，在实践中提升学生的能力；可以有计划地派青年教师到企业实训，使他们增加实践经验，拓宽知识面，了解企业的具体情形，同时可以帮助企业解决实际管理问题。校方为企业培养高素质人才，企业为学校提供实践场地，双方互利共赢，共同合作。

8.4.4 基于"B-S-P"能力层级实践教学体系软硬件资源系统集成与优化

(1) 实践教学基础设施建设。实践教学基础设施是实践教学体系的基础保证，是重要组成部分。建设高质量的实践教学基础设施是培养工商管理专业人才的必要条件。实践教学基础设施的建设水平直接影响着学生对实践能力的理解，影响着培养目标的实现。实践教学基础设施作为学生发展自身综合能力的实践场所，可有效激发学生的自我学习兴趣，可让学生体验最真实的模拟情境，使他们的知识、能力、素质在实践中得以增长和提高，从而达到企业对工商管理专业人才的要求。

所以，学校应当不断加大对实验设施和场地的资金投入，及时增加新的实验设备，及时更新各类软件及学习系统，为实践教学提供强有力的物质支持；及时更新相关书籍、文献资料、学术期刊以及数据库，为学生的学习和研究提供丰富的资料和数据。实践教学基础设施要跟上时代步伐，做到现代化，要与企业同步，让学生真正学到可以应用到企业实战中的基础能力，为步入社会打下良好的基础。

(2) 实践教学资源的集成与优化。目前学校工商管理类专业涉及专业技能的实验主要集中在机房，学生只能在机房进行实验操作，所以有些实验学生不能全做，学生也不能利用业余时间进行实验。所以，学校需要解决软件平台风险，让学生在宿舍或其他地点也可以进行实验操作。要进一步加强教学资源的集成管理平台建设，通过管理平台的建设集成实验教学资源，实现实验教学的科学计划和优化管理，使学生通过网上预实验，提前预习实验内容。教师则可通过集成管理平台提前上传实验讲义和习题供学生预习，学生和教师可通过管理平台进行实验讨论和经验分享。

（3）"互联网+"工商管理实践教学资源的开发。互联网技术的飞速发展，为工商管理类专业实践教学的创新发展提供了新的契机，学校要抓住机遇，增强与各高校的联合，共同开发创新实验教学模式和项目。应进一步考虑建设经管虚拟仿真实验室，与其他高校共享虚拟仿真实验资源。还要加快进行经管微实验平台建设，通过手机等移动设备将经管微实验项目嵌入理论教学课堂中，在促进翻转课堂建设的同时，提高学生学习理论的兴趣，加深对理论知识的理解。

第9章 基于"B-S-P"能力层级的工商管理类其他专业实践教学体系建设

9.1 基于"B-S-P"能力层级的市场营销专业实践教学体系建设

"十二五"后期,我国经济开始进入新常态,经济发展速度放缓,市场竞争愈发激烈。传统产业面临着转型升级压力,新兴产业同样面临着成长的困惑。无论何种行业,企业最终都要面对市场,这使得企业对高水平营销人才,特别是对具有互联网时代背景下营销理论与实践能力的高层次营销人才的需求逐年增加。尽管目前全国开设市场营销专业的高校有572所,每年毕业生在3万人以上,但是应用实践能力的欠缺使他们无法达到用人单位的要求。因此,如何提高学生专业技能,提升实践能力,不仅是教学改革的一项重要内容,也是实践教学体系设计的一项重要任务。

9.1.1 基于"B-S-P"能力层级的市场营销专业实践能力构成

学生实践能力的形成和发展具有综合性、渐进性、层次性和相对稳定性的特点。市场营销专业学生实践能力的形成是在掌握市场营销基本理论知识的基础上,将理论知识向技能转化,即将陈述性知识向策略性知识转化,在此基础上,通过反复的运用,形成熟练的思维方法与技能,最后实现知识的内化,形成综合性的解决问题的能力。

结合学生实践能力形成的特点,依据其形成的逻辑过程,并比较吸收国内外相关实践教学体系理论,将市场营销专业学生的实践能力分为"B-S-P"三个层级。这三个层级分别是基础能力(Basic ability)、专业技能(Specialized skills)、解决问题的综合能力(Problem-solving comprehensive ability)(图9-1)。

其中,基础能力(B)是学生参与市场营销实践所必须具备的最基本的能力。它分为通用基础能力和专业基础能力。通用基础能力是大学生必备的一般的、适用于各种职业、岗位的能力,包括道德与人文素质、体魄及心理素质、人际关系与群体协调、认识方法论等。专业基础能力是指从事市场营销类职业所必备的专业技能,包括对数学、计算机、外语、经济学、管理学等管理类专业基础理论的掌握和运用能力。

专业技能（S）是指学生参与市场营销实践所必须具备的运用市场营销专业理论知识的技能，如市场调研与分析、市场营销策划、营销组合与策略制定、推销谈判与沟通传播等专业知识的应用。

解决问题的综合能力（P）是指学生对市场营销专业课程知识的综合应用能力以及综合素质的全面体现，如创业能力、创新能力、战略思考能力等。

9.1.2 基于"B-S-P"能力层级的市场营销专业实践教学体系设计的原则

（1）系统分析原则。任何专业学生的实践能力培养都是一个系统工程，市场营销专业也不例外。市场营销专业学生的实践教学体系设计必须从系统科学和教育生态学的角度考虑，不但要注意学校的学科优势和行业特点，考虑学科专业知识体系的系统性，还要考虑学生实践能力形成的综合性、层次性和渐进性的特征，以及全面分析学生实践能力培养中所凭借的内外环境资源、管理体制、培养机制等各方面的条件（图9-1）。

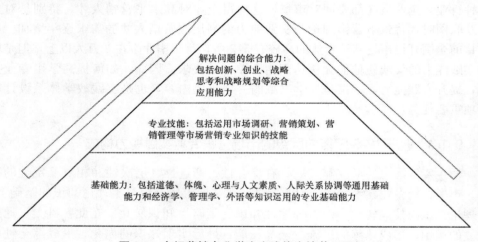

图9-1　市场营销专业学生实践能力培养三层级

（2）需求导向原则。市场营销专业学生实践教学体系设计必须紧密结合经济社会发展趋势，充分考虑经济全球化与互联网时代的发展背景，紧跟社会和企业对营销人才的需求，设立明确的培养目标，并将总目标进行细化使之成为一个目标体系。

（3）双轮驱动原则。双轮驱动是指市场营销专业学生实践教学体系设计必须遵循理论与实践相结合、校内与校外资源相结合的原则。实践强调动手操作能力，但是没有理论指导，就会出现盲目性。所以市场营销专业学生实践教学体系设计不仅要以市场营销专业理论、心理学理论、教育学理论为指导，还要从实践能力的培养内容出发，设计实践能力培养的过程、方法、模式和措施。同时，市场营

第9章 基于"B-S-P"能力层级的工商管理类其他专业实践教学体系建设

销专业学生实践教学体系的设计，既要考虑充分利用学校资源，更要考虑多渠道、多模式整合校外各种实践教学资源。

（4）层级递进原则。学生实践能力培养是一个循序渐进的过程。基于"B-S-P"能力层级是从市场营销专业学生实践能力构成层次上来考察。除此之外，市场营销专业学生实践教学体系还要从实践过程的层级上进行设计，按照"设计—实施—反馈—调整"的过程层次，将教学评价机制与反馈考虑进去，使培养体系逐步完善。

9.1.3 基于"B-S-P"能力层级的市场营销专业实践教学培养目标分析

（1）基础能力训练层的目标分析。基础能力培养层面按照通用基础能力层和专业基础能力层划分目标，对市场营销专业学生应具备的基础能力标准进行详细描述（表9-1）。

表9-1 市场营销专业基础能力训练层目标分析

分类	能力类型	基础能力训练层目标分析
通用基础能力	道德与人文素质	具备基本的公民道德和职业道德素养，具有基本的历史知识素养、美学素养、艺术素养，具有社会、家庭、团队、工作责任感，具有思维判断能力，正确的人生观、价值观和世界观
	体魄及心理素质	具备健康的体魄和心理素质，具有克服困难的毅力、承受挫折与压力的能力，具有学习和工作主动性，具有探索意识进取心和创新意识
	人际关系与群体协调	能够正确处理个人和集体、社会的关系，具有良好的人际关系协调能力，具有群体意识和对社会的奉献精神，能够正确处理工作和生活中的矛盾
	认识方法论	掌握正确的认识方法论，能够辩证分析各类常见社会矛盾
专业基础能力	计算机工具	掌握计算机软硬件基础知识，熟练使用常见管理类办公软件，掌握数据库管理软件开发应用的基本原理，具备操作维护能力
	数学工具	掌握高等数学基本知识，掌握基本定理并能熟练运用进行解题运算，掌握某些工程数学、应用数学领域的基本理论原理，并能熟练进行解题运算，能在常见管理领域进行建模及进行最优化规划决策
	外语工具	掌握英语基本知识，能运用英语进行初步日常交流。掌握本专业领域英语常用基本词汇及语言特点，能借助于辞典对专业文献资料进行阅读、笔译
	经济学理论及应用基础	掌握经济学基本概念与基本原理，系统地掌握市场经济运行的一般原理和政府的宏观调控手段，能运用一些基本的经济学分析方法和工具对现实问题进行实证性分析，理解掌握经济学某些应用领域及分支学科的基本概念、基本原理、基本方法
	法律理论及应用基础	理解法学基本概念及基本原理，理解宪法和其他部门法，特别是经济法的基本精神和规定，能将理论与实际相结合并能理解法治内涵

续表

分类	能力类型	基础能力训练层目标分析
专业基础能力	管理学和企业职能管理理论及应用基础	掌握管理学基本原理，掌握管理的常见职能，即计划、组织、领导、协调、沟通、指挥、控制、激励的基本原则和方法，理解掌握企业在战略、生产、财务、人力资源等各种职能管理方面的基本原理并能够有效实施应用
	文献检索及应用文体写作	掌握本专业领域中外文文献查阅检索基本方法，能够熟练运用一般写作技巧及专业知识进行企业管理及市场营销工作中常见文体写作

（2）专业技能实训层的目标分析。专业技能培养层面按照市场营销专业培养要求和目标进行细化，对市场营销专业技能的具体要素进行分析，建立起市场营销专业学生的专业技能培养标准体系（表9-2、表9-3）。

表9-2 市场营销专业技能实训层目标分析

能力类型	专业技能实训层目标分析
营销学理论基础	理解营销学理论框架、基本概念、基本原理，掌握分析方法，了解发展趋势、前沿研究方向，掌握现代营销主流模式及方法
市场分析	掌握市场调研的原理方法，能够针对企业需求制定适宜的调研方案并组织实施，能够对不同区域及不同产品领域进行消费者动机及购买行为特征的实证研究，能够综合运用定性定量方法对市场演变发展及具体产品及服务需求进行有效预测
营销管理	能够对各类企业制定合理营销战略规划，对企业营销团队实施有效管理，对营销方案计划的实施有效控制
营销组合策略制定及策划	能够对不同行业不同类型企业的营销渠道、价格、产品、促销各要素进行组合策略制定，对企业营销进行系统策划
推销谈判沟通传播	掌握正确的商务谈判方法、技巧、礼仪，能够设计企业的广告方案，掌握信息传播的基本规律和特点，了解舆情对企业经营活动的影响机制，掌握公共关系的特点和基本规律，能够针对企业各种公关场境为企业制定公关方案

表9-3 市场营销专业技能实训层二级目标分析

一级目标	市场营销专业技能实训层二级目标分析
3.1 营销学理论基础	3.1.1 了解营销学科发展历史、主要代表人物及其理论观点，了解营销学科的主要研究方法，掌握市场营销的基本原理及方法，掌握营销前沿理论及实务操作模式要点 3.1.2 能够运用实证方法对企业经营环境进行多侧面定性定量分析，掌握环境分析及内部分析的基本方法，掌握竞争分析的基本理论方法，能够撰写企业经营环境及竞争态势分析报告 3.1.3 掌握市场细分及定位原理，能够针对不同场境为企业制定目标市场策略方案

第9章 基于"B-S-P"能力层级的工商管理类其他专业实践教学体系建设

续表

一级目标	市场营销专业技能实训层二级目标分析
3.2 市场分析	3.2.1 掌握市场调研的基本方法及调查技术，各种方法的特点、适用性，能够撰写完整的企业调研工作方案 3.2.2 掌握常见的市场预测数理方法及工作方法，掌握数据收集渠道，能够自行确定预测参数 3.2.3 掌握消费者行为分析的基本概念及基本原理，能够在调查的基础上对特定领域消费问题进行动机、购买规律、影响因素等方面分析，掌握消费行为分析的实证研究方法
3.3 营销管理	3.3.1 能够制定企业营销战略规划和实施计划，有效进行企业销售团队建设，科学控制企业销售工作进程，能够对企业组织体系进行科学设计，掌握对销售人员进行业绩考核的原理方法 3.3.2 掌握终端零售企业的经营管理特点及原理，掌握商业企业商品规划、采购管理、价格管理、服务管理、商品陈列等方面的原理及方法，理解现代特许连锁经营模式的特点及规律，能够对一般零售企业经营过程中常见问题提供解决方案 3.3.3 掌握客户资源管理的一般规律特点，能够对客户资源及动态趋势进行结构分析及趋势分析，掌握利用客户数据库资源进行数据挖掘的技术方法，能够为企业制定客户关系管理策略及方案
3.4 营销组合策略制定及策划	3.4.1 掌握企业新产品开发工作要点，掌握制定企业产品组合策略的基本原理，理解企业品牌策略的内涵，能够为企业制定产品策略、品牌策略方案 3.4.2 掌握企业成本、供需、竞争、促销对定价的影响机制，理解价格和消费者行为之间的关系，掌握价格和销量的定量分析方法，掌握不同企业类型及不同场境下企业定价工作的程序方法技巧，能够为企业进行价格制定和优化 3.4.3 掌握渠道功能特点，掌握渠道选择方法，掌握渠道管理的内容及方法，理解掌握常见渠道冲突成因及化解对策，能够制定中小企业的完整渠道解决方案 3.4.4 掌握网络营销与传统营销的差异特点，掌握网络营销工具并能熟练使用，掌握网络渠道流通特点、网络消费动机、网络促销及广告特点，能够为一般企业的网络营销工作制定策略及应用方案 3.4.5 理解一般服务业以及会展业等特殊服务业的特点，掌握服务业顾客消费的特殊规律，能够对服务业企业营销制定系统组合策略，掌握节会营销模式的特殊规律，会对节会营销的影响因素及运行机制进行分析，能够对一般中小型节会营销进行方案制定 3.4.6 能够把握非营利组织市场特点，掌握非营利组织市场营销的策略方法，能够针对特定组织市场制定系统化的营销策略方案 3.4.7 掌握促销工作的特点、常见形式、适用情境，能够对不同类型企业基于不同营销目标制定系统完整有效的促销方案，能够对企业新产品上市、新市场开拓等进行系统策划和方案制定

续表

一级目标	市场营销专业技能实训层二级目标分析
3.5 推销谈判沟通传播	3.5.1 掌握商务活动中的礼仪规范，掌握谈判工作中的技巧方法，掌握处理客户异议的方法，能够制定谈判文案 3.5.2 掌握广告学基本概念及原理，掌握各种广告媒介特性，掌握广告业务基本流程，掌握广告策略方案设计原理，掌握广告效果测定基本方法，了解广告预算制定方法 3.5.3 掌握公共关系的基本概念与原理，掌握组织形象设计的原理方法，理解不同公众对象特点，掌握公关媒介选择及公关业务的具体方式，具备特定场境下企业公关方案制定能力和组织实施能力 3.5.4 掌握传播学的基本知识，包括人类传播发展的历史、特点及形态，熟悉并掌握人类信息传播的过程及模式、传播过程中各要素的相互作用，掌握大众传播的受众观、效果观及其在现代社会中的表现与运用

(3)解决问题的综合能力培养层的目标分析。解决问题的综合能力着眼于未来市场营销学生进入职场就业或进行创业所需能力，围绕解决问题的综合能力培养层中具体要素进行分析，建立起市场营销专业学生综合能力的培养标准(表9-4)。

表9-4 解决问题的综合能力培养层目标分析

能力类型	解决问题的综合能力培养层目标分析
创业能力	个人充满自信，社交意识强，乐于合作，具有强烈的责任意识、敏锐的市场洞察力、良好的心理承受力和逆境的适应力，在校期间有过自己的小型创业等
创新能力	具有开拓进取的创新意识，能够产生创新思维，具备初步的科研能力，在校期间获得过创新方面的成果奖励等
战略规划能力	具有全局性、长远性、前瞻性的战略眼光，能够分析企业内外环境，全面系统地思考企业未来发展方向并进行战略规划
组织协调能力	具有良好的个人威信、较强的影响力和控制力，能够对资源进行合理分配，善于协调和激励群体活动，掌握群体冲突的处理办法等
决策应变能力	能够理解和识别出现的机遇和问题，能够进行科学有效的判断，面对突发问题沉着冷静等

9.1.4 基于"B-S-P"能力层级的市场营销专业实践教学体系设计与保障措施

(1)基于"B-S-P"能力层级市场营销专业实践教学体系设计。为了达到以上能力培养目标，需打破原有的实践教学培养体系，从大一新生开始，在4年中分阶段、分目标对学生进行实践能力训练，同时，需对理论课的教学方法进行改革和调整，

第9章 基于"B-S-P"能力层级的工商管理类其他专业实践教学体系建设

适当增加理论教学中的案例、角色扮演、情景模拟等实践教学的比重。

考虑到不同年级市场营销专业学生具备的知识和能力不同,在不同的时期采用的实践教学形式也有所不同(表9-5)。

表 9-5　市场营销专业实践教学体系设计

能力层级	基础能力	专业技能	解决问题的综合能力
目标要求	最基本的能力	运用市场营销专业领域理论知识的技能	融合多项营销能力 综合应用能力
形式	各类讲座 文体活动 认识实习	营销实训 消费心理学实验 网络营销综合实训 企业家讲座论坛 市场调研实训 沙盘模拟	校内外营销大赛 创业创新大赛 营销业务实习 假期社会实践 毕业实习 毕业论文写作
时间	一年级	二年级至四年级	三年级下学期至四年级

(2)基于"B-S-P"能力层级市场营销专业实践教学体系的保障措施。

①制度保障。围绕市场营销专业建设,制定健全的相关实践教学文件,以指导规范各种实践教学行为。特别是需要编写具有可操作性的实践教学指导文件,明确实践教学的目的、原则、内容、过程、组织、考核、奖惩等。同时建立反馈制度和激励机制,及时对实践教学效果进行评价、反馈、调整。

②载体保障。选择相关企业建立实践教学基地,由基地企业为市场营销专业学生提供实习场地与专业指导服务,并安排学生到实习基地从事与教、学、研相关的服务。选择众创空间、小微企业创业基地或孵化器等载体,建立创业实践基地,由基地企业为市场营销专业学生提供创业类实训,或者小型创业指导。

③人员保障。实践教学师资队伍是实现实践教学目标的基础。一方面,校内要加强"双师型"教师队伍建设,鼓励教师到企业挂职锻炼,定期深入企业进行考察交流,加强与企业的产学研合作。另一方面,积极聘请企业营销管理者或咨询公司的资深营销专家,作为市场营销专业兼职教师或学生校外导师,通过点对点对接或者定期举办讲座等形式进行实践教学活动。

④设备保障。市场营销专业的学科特点决定了其设备需求远不如理工科专业,但是如服务器、计算机、人机工效实验仪器设备、综合模拟实践系统等必要软硬件还是必需的。学校应当不断加大对实验设备和场地的资金投入,及时增加最新的实验设备,及时更新各类软件以及学习系统,为学生的实践教学提供强有力的物质支持。

9.2 基于"B-S-P"能力层级财务管理专业实践教学体系建设

随着经济全球化和产业更新换代加快,企业跨国经营、资本跨境流动频繁,应用型国际化财会人才在经济发展中的基础性、战略性、关键性作用至关重要,财会人才特别是管理会计人才的竞争已成为国家、地区和组织间竞争的焦点之一。高校应顺应全球化经济发展的形势,加强财务管理专业学生实践能力和专业素质的培养,以就业为导向,培养出适应企业需求的应用型财会人才。

9.2.1 财务管理专业本科生实践能力培养的"B-S-P"层级结构

在山东省教研项目"基于'B-S-P'能力层级工商管理类专业实践教学体系"总体设计研究的基础上,将财务管理专业本科生实践能力培养分为三个层级(图9-2):基础能力(Basic ability)、专业技能(Specialized skills)、解决问题的综合能力(Problem-solving comprehensive ability)。其中基础能力(B)是学生未来实践中所必须掌握的基本能力,如公文撰写、沟通表达、职业道德自我培养、计算机工具的运用等;专业技能(S)是指学生实践中对财务专业领域知识的应用能力,如对财务业务处理、内部控制及财务分析、资金筹资投资与分配、税务筹划等专业知识的应用等;解决问题的综合能力(P)是指学生对各领域知识的综合应用能力以及综合素质的全面体现,如学生的创业、创新、战略思考能力。在整个体系设计的同时,注重学校所处行业背景,让学生在这样的行业就业时拥有更多的竞争优势。

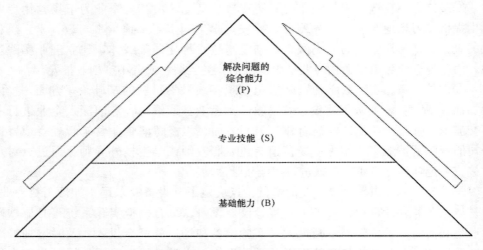

图9-2 财务管理专业本科生实践能力培养三层级

第9章 基于"B-S-P"能力层级的工商管理类其他专业实践教学体系建设

9.2.2 基于"B-S-P"能力层级财务管理专业实践教学培养目标体系分析

财务管理学科是一门应用性较强的学科,对财务管理专业学生能力的培养是渐进式的,是在具备一定的素质、知识和经验后经过长期系统训练而形成,其中实践作用功不可没。因此,财务管理专业实践教学培养的目标体系是通过对财务管理专业学生"B-S-P"能力层级的需求分析来确定培养目标。

(1)基础能力训练层的目标分析。基础能力训练层的目标分析将对财务管理专业学生应具备的基础能力标准进行详细描述(表 9-6)。

表 9-6 基础能力训练层目标分析

能力类型	基础能力训练层目标分析
表达沟通能力	能够准确地表达自己的想法,准确获取并理解别人想传达的信息,能够进行良好的书面沟通,掌握一般的沟通技巧,能够当众自如演讲,能够应对招聘面谈等
信息收集能力	能够使用互联网和电子图书馆进行文献检索和资料查询,能够进行信息收集、分类整理、筛选和编辑等
调查研究能力	具有在明确调研目的基础上通过参与调研过程来完成调研成果的能力,例如能够设计调查问卷和量表,掌握抽样调查的方法,能够进行网络调查和实地访谈,能够进行问卷数据处理与统计分析,能熟练使用数据分析软件,具有对数据详细研究和概括总结的能力,能在有效信息的基础上形成结论,撰写调研分析报告等
公文撰写能力	能够撰写一般性的公务文书,包括请示、报告、指示、批复、通知、通报、决定、函件、会议纪要等
基本外语能力	能够用英语进行日常生活的简单交流,能对简单外语资料进行翻译,能根据职业需要撰写基本的外文文书
办公软件操作能力	了解基本的电脑常识,能够进行文件保存、传输和共享,熟练掌握 Word、Excel、PPT 等基本办公室软件的操作
团队合作能力	具有良好的团队合作意识,能够协调好团队各方的关系,处理团队合作中出现的难题等
职业道德自我培养能力	通过宣传教育、榜样示范、目标管理等培养职业道德,能够深刻认识职业道德发展对自身成长、对公司和社会的影响等
环境适应能力	能在不同环境下快速转换角色,具备较强的心理防御机制,具备适应环境的社交能力、处世能力和人际关系能力等
知识学习能力	能够以高效快捷的方式掌握信息和知识,能够顺利通过专业课程和各种技能性等级考试,能够熟练使用学习工具

(2)专业技能综合实训层的目标分析。通过对财务管理专业技能的具体要素进行分析,建立起财务管理专业学生的专业技能培养标准体系(表 9-7)。

表 9-7 专业技能综合训练层目标分析

能力类型	专业技能综合实训层目标分析
会计实务处理能力	掌握会计凭证填制审核、登记账簿、编制报表等会计信息的生成过程，掌握电算化会计软件操作，能对不同行业的企事业单位会计实务进行处理
财务管理基本能力	熟悉企业管理的一般流程，掌握财务管理的基本理论、原理与方法
财务软件操作能力	熟悉常用的财务软件，如金蝶，能运用软件对企业进行财务方面的管理、监控、信息的及时反馈和跟踪
经营管理基本能力	熟悉统计分析基本理论，掌握管理学、组织行为学、市场营销学、成本管理学的原理与基本方法
财务分析能力	掌握并能够运用财务分析工具，从三张表格中分析企业运行能力
证券投资分析能力	熟悉经济运行的宏微观环境，掌握投资的基本理论，掌握证券投资的理论和应用技巧
税务筹划能力	掌握并能够运用税务筹划方法、技巧进行纳税筹划
审计能力	掌握审计学的基本理论和基础知识，并有初步的审计基本方法的运用能力
项目评估分析能力	熟悉并掌握企业资产评估、项目评估的理论和方法的应用
理财能力	熟悉并掌握企业内部控制和公司治理、企业战略与风险管理的基本理论，能够对家庭、公司、组织提供理财方案
金融管理能力	能够掌握并运用金融市场运作及金融产品分析等知识对金融企业的财务进行分析
市场调查与预测能力	掌握市场调查与预测的基本理论和方法，具备对企业的产品进行市场调查分析和预测的能力
经济分析与预测能力	能够根据经济数据进行经济预测，并在经济预测基础上分析经济发展趋势，包括熟练运用 SPSS 等软件分析工具，能够制订企业的未来计划等
组织内部控制能力	能够掌握并运用内部控制知识，发现组织内部流程的不合理之处并提出建立合理化内部流程的方案
战略规划分析能力	能够清晰地分析组织的内外部环境并预测未来可能发生的挑战和机遇，包括能够收集有效信息，客观地审视企业环境变化，提出前瞻性的指导性意见等
国际贸易和证券投资实务操作能力	能够熟练进行国际贸易业务的各种实际操作，掌握证券投资主要技术指标的计算和分析方法等，具备融资成本分析能力
管理信息系统操作能力	掌握管理信息系统的基本原理和功能，能够操作使用管理信息系统等

(3) 解决问题的综合能力培养层的目标分析。通过对解决问题的综合能力培养层中具体要素进行分析，建立起财务管理专业学生综合能力的培养标准(表 9-8)。

第9章 基于"B-S-P"能力层级的工商管理类其他专业实践教学体系建设

表 9-8 解决问题的综合能力培养层目标分析

能力类型	解决问题的综合能力培养层目标分析	实训模块
创业能力	具有较强的成功愿望和获得权力的愿望，自主性强；具有敏锐的市场洞察力、创造力和适应能力，自信，具有强烈的社交意识，乐于与他人合作，责任意识强；具有很强的忍耐力、心理承受能力和承担风险的能力；在校期间做过小型创业等	企业家讲座论坛 创业技能实训 创业设计大赛 创业模拟实训基地
科研创新能力	具备初步的科研能力，具有勇于冒险开拓进取的创新意识，能够产生创新思维，具备基本的创新技能，在校期间获得过创新方面的成果奖励等	论文写作发表 科技竞赛 创新竞赛 创新模拟实训
战略思考能力	具有在全局性、方向性、长远性基础上观察、思考和处理问题的综合性能力，具有前瞻性战略眼光，能够全面系统地思考问题，做事更有谋略和智慧	结构化思维技巧训练 战略性商业模式培训 沙盘模拟实验
领导组织协调能力	具有良好的个人威信、较强的影响力和控制力，能够对资源进行合理分配，善于协调和激励群体活动，掌握群体冲突的处理办法等	无领导小组讨论 "能源杯"大赛 "网中网"大赛 领导组织实训模块
决策应变能力	能够理解和识别出现的机遇和问题，能够进行科学有效的判断，面对突发问题沉着冷静等	决策应变实训模块 商业模拟大赛 商道

9.2.3 基于"B-S-P"能力层级财务管理专业实践教学体系的设计与开发

(1)基础能力训练层技能实践教学设计与开发。

①开发现状。基础能力模块通过课堂教学、实(试)验与基础能力实训完成，主要培养财务管理专业学生的表达沟通能力、调查研究能力、公文撰写能力、团队合作能力、环境适应能力、职业道德自我培养能力等。目前，青岛科技大学财务管理专业实践教学体系已开发多个模块，其中基础能力训练层技能模块的内容主要包括 Excel 与管理决策实验、数据库原理及应用综合实验、统计分析软件认知实验、计算机辅助管理实验、信息检索实验、企业系统认知综合实验、信息化办公设备实验、素质拓展训练等。

②开发问题。目前，青岛科技大学财务管理专业实践教学模块的开发主要集

中在对办公软件操作能力、表达沟通能力、信息收集能力、环境适应能力的发展方面，而通过对企业与毕业生能力的测评得出得分最低的为基本外语能力，所以应加强对外语能力的培养，实践教学模块的开发忽略了最关键的一点。

③开发策略。在未来应进一步加强对基本外语能力的培养，开发诸如外语口语交流、英语翻译与写作综合实验等模块。

(2)专业技能综合实训层技能模块设计与模块化实践项目开发。

①开发现状。专业技能实训模块主要通过各门专业课的集中实训完成，主要培养学生对专业知识的应用能力。

目前，青岛科技大学财务管理专业实践教学体系已开发多个模块，其中专业技能实训主要包括基础会计实训、成本会计实训、财务管理实验、证券投资实训、财务决策实训等。

②开发问题。目前，青岛科技大学财务管理专业实践教学主要借助于网中网公司开发的各门财务课程进行实训及综合实训，使用网中网进行实践教学已经2年（以往是借助于计算机财务软件），通过实训学生可以较好地掌握所涉及的问题，但是仅用这些仍然不能解决毕业生能力评价分析中显露的问题，比如经济预测与管理决策能力、税收筹划能力等，实践教学平台实验内容中没有体现这些能力。

③开发策略。专业技能实训模块的实施，是培养学生应用专业知识能力的关键。可以在现有网中网实训平台基础上，增加和开发以企业实际状况为背景的相关模块，如管理会计工具运用实验、金融综合分析与决策实验、项目管理实验系统建设等模块，进一步加强对经济预测与管理决策能力、税收筹划能力的提升。

(3)解决问题的综合能力培养层技能模块设计与模块化实践项目开发。

①开发现状。解决问题的综合能力实训模块主要通过学生深入企业实践、进行模拟实验、参加各种大赛等来完成。

目前，青岛科技大学财务管理专业实践教学体系已开发多个模块，其中综合能力模块主要包括企业经营决策沙盘模拟，企业财务决策模拟，"能源杯"大赛、"挑战杯"创业大赛训练，"网中网"大赛等模块。

②开发问题。目前，青岛科技大学财务管理专业实践教学模块的开发主要集中在决策应变能力、创业能力的提升方面，而对战略思考能力、领导组织能力与创业能力的重视程度不够，本科的科研能力在1~3年级也没有要求。

③开发策略。在创业实训模块，学生可以积极参与企业家讲座论坛、大学生创业竞赛、创业模拟实训基地等；战略思考实训可通过沙盘模拟实验来完成；领导组织实训模块可通过情景模拟等形式培养学生的组织能力和领导力，决策应变实训模块则可以设置情景模拟等培养学生的决策能力和随机应变能力，鼓励引导品学兼优的学生参与教师的科研、调研、数据分析等。学生也可以进入相关企业进行综合能力的实训。

第9章 基于"B-S-P"能力层级的工商管理类其他专业实践教学体系建设

9.3 基于"B-S-P"能力层级的物流管理专业实践教学体系建设

近年来,随着经济全球化和互联网技术的不断发展,网络经济、物流产业成为国家、地区和组织间竞争的焦点之一,物流人才越来越成为提升国家和企业竞争力的要素之一。高校应顺应互联网和网络技术发展的大趋势,加强物流管理专业学生实践能力和专业素质的培养,以就业为导向,培养出适应企业需要的应用型物流人才。在"基于'B-S-P'能力层级工商管理类专业实践教学体系"教研课题研究的基础上,针对物流管理专业的特殊性,进行物流管理专业实践教学培养指标体系研究。

9.3.1 物流管理专业本科生实践能力培养的"B-S-P"层级结构

随着经济全球化与"互联网+"技术的不断发展,企业对大学生的知识、技能、观念也提出了新的要求,这意味着原有的培养目标和培养方式已不再完全适用,所以,实践教学体系应以企业需求为导向,设立明晰的大学生就业能力培养目标与战略。物流管理专业学生实践能力培养分为三个层级(图9-3):基础能力(B)、专业技能(S)、解决问题的综合能力(P)。其中基础能力(B)是学生未来实践中所必须掌握的基本能力,如公文撰写、表达沟通、职业道德自我培养、计算机工具的运用等;专业技能(S)是指学生实践中对物流专业领域知识的应用能力,如物流系统规划与设计、供应链网络设计与管理、物流营运管理、物流成本分析、现代仓储管理等专业知识的应用等;解决问题的综合能力(P)是指学生对各领域知识的综合应用能力以及综合素质的全面体现,如学生的创业、创新、战略思考能力。在整个体系的设计的同时,注重学校所处行业背景,让学生在这样的行业就业时拥

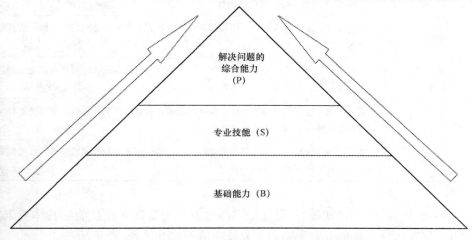

图9-3 物流管理专业学生实践能力培养三层级

有更多的竞争优势。

9.3.2 基于"B-S-P"能力层级物流管理专业实践教学培养目标体系分析

物流管理学科是一门应用性较强的学科,对物流管理专业学生能力的培养是渐进式的,是在具备一定的素质、知识和经验后经过长期系统训练而形成,其中实践作用功不可没。因此,物流管理专业实践教学培养的目标体系是通过对物流管理专业学生"B-S-P"能力层级的需求分析来确定培养目标。

(1)基础能力训练层的目标分析。基础能力训练层的目标分析将对物流管理专业学生应具备的基础能力标准进行详细描述(表9-9)。

表9-9 基础能力训练层目标分析

能力类型	基础能力训练层目标分析
表达沟通能力	能够准确地表达自己的想法,准确获取并理解别人想传达的信息,能够进行良好的书面沟通,掌握一般的沟通技巧,能够当众自如演讲,能够应对招聘面谈等
调查研究能力	具有在明确调研目的基础上通过参与调研过程来完成调研成果的能力,能够设计调查问卷和量表,掌握抽样调查的方法,能够进行网络调查和实地访谈,能够进行问卷数据处理与统计分析,能熟练使用数据分析软件,具有对数据详细研究和概括总结的能力,能在有效信息的基础上形成结论,撰写调研分析报告等
基本外语能力	能够用英语进行日常生活的简单交流,能对简单英语资料进行翻译,能根据职业需要撰写基本的外文文书
办公软件操作能力	了解基本的电脑常识,能够进行文件保存、传输和共享,熟练掌握Word、Excel、PPT等基本办公室软件的操作
团队合作能力	具有良好的团队合作意识,能够协调好团队各方的关系,处理团队合作中出现的难题等
职业道德自我培养能力	通过宣传教育、榜样示范、目标管理等培养职业道德,能够深刻认识职业道德发展对自身成长、对公司和社会的影响等
环境适应能力	能在不同环境下快速转换角色,具备较强的心理防御机制,具备适应环境的社交能力、处世能力和人际关系能力等
知识学习能力	能够以高效快捷的方式掌握信息和知识,能够顺利通过专业课程和各种技能性等级考试,能够熟练使用学习工具

(2)专业技能综合实训层的目标分析。通过对物流管理专业技能的具体要素行分析,建立起物流管理专业学生的专业技能培养标准体系(表9-10)。

第9章 基于"B-S-P"能力层级的工商管理类其他专业实践教学体系建设

表 9-10 专业技能综合实训层目标分析

能力类型	专业技能综合实训层目标分析
战略规划分析能力	能够清晰地分析组织的内外部环境并预测未来可能发生的挑战和机遇,包括能够收集有效信息,客观地审视企业环境变化,提出前瞻性的指导性意见等
物流系统网络规划与设计能力	能够从战略高度进行仓库选址决策,能够发现仓储管理过程中容易出现的问题,能够对现代仓储系统进行库区规划、设计和运营管理,降低成本,减少浪费
	能够对物流生产与服务系统进行规划与优化分析,能够进行生产系统和服务方案设计,能够针对具体企业物流系统撰写战略规划报告和商业计划书等
物流成本分析和控制能力	能够运用现代物流成本分析思想进行物流系统的规划、设计和优化,运用成本控制思想进行物流营运管理
供应链设计及优化能力	能够对企业供应链进行分析、规划和设计,能够对企业的供应链系统提出设计和优化规划基本方案,能针对企业供应链流程运行进行管理、评价,能编制企业供应链实施计划报告
经济分析与预测能力	能够根据经济数据进行经济预测,并在经济预测基础上分析经济发展趋势,包括熟练运用 SPSS 等软件分析工具,能够制订企业的未来计划,把控物流服务活动的策划和操作等
生产运作规划能力	掌握企业生产经营活动综合规划的一般技能,例如能够进行企业生产选址,能够绘制装配流程图和生产过程流程图,能够制定企业的需求预测、生产计划,能够制定资源计划、企业资源规划等
运输规划与包装设计能力	能够合理选择运输方式及优化运输路径,能够计算运费,合理选择包装容器和材料,进行包装设计优化
配送作业管理能力	能够灵活运用各种配送模式,发挥各自的特点,能够运用 EIQ 和 SLP 等分析工具对配送系统中的仓储区、拣货区进行分析、设计和管理,熟练掌握各主要作业活动的工作要点
财务分析和项目策划能力	能够分析具体企业的财务报表,掌握企业财务状况,能够明确项目的总体投资目标和投融资方案,能够对投资目标的可行性进行经济分析,包括能够针对具体项目撰写项目可行性研究报告、项目评价报告,掌握项目进度计划和项目资源计划等的编制方法,能够编制和优化网络计划,撰写项目策划书等
国际贸易和证券投资实务操作能力	能够熟练进行国际贸易业务的各种实际操作,掌握证券投资主要技术指标的计算和分析方法等
管理信息系统操作能力	掌握管理信息系统的基本原理和功能,能够操作使用管理信息系统等

(3)解决问题的综合能力培养层的目标分析。通过对解决问题的综合能力培养

层中具体要素进行分析,建立起物流管理专业学生综合能力的培养标准(表 9-11)。

表 9-11 解决问题的综合能力培养层目标分析

能力类型	解决问题的综合能力培养层目标分析	实训模块
创业能力	具有较强的成功愿望和获得权力的愿望,自主性强;具有敏锐的市场洞察力、创造力和适应能力;自信,具有强烈的社交意识,乐于与他人合作,责任意识强;具有很强的忍耐力、心理承受能力和承担风险的能力;在校期间做过小型创业等	企业家讲座论坛 创业技能实训 创业设计大赛 创业模拟实训基地
科研创新能力	具备初步的科研能力,具有勇于冒险、开拓进取的创新意识,能够产生创新思维,具备基本的创新技能,在校期间获得过创新方面的成果奖励等	论文写作发表 科技竞赛 创新竞赛 创新模拟实训
战略思考能力	具有在全局性、方向性、长远性基础上观察、思考和处理问题的综合性能力,具有前瞻性战略眼光,能够全面系统地思考问题,做事更有谋略和智慧	结构化思维技巧训练 战略性商业模式培训 沙盘模拟实验 经营模拟实验
领导组织 协调能力	具有良好的个人威信、较强的影响力和控制力,能够对资源进行合理分配,善于协调和激励群体活动,掌握群体冲突的处理办法等	无领导小组讨论 "百碟杯"大赛 全国物流设计大赛 牛鞭效应实训模块
决策应变能力	能够理解和识别出现的机遇和问题,能够进行科学有效的判断,面对突发问题沉着冷静等	决策应变实训模块 商业模拟大赛

9.3.3 基于"B-S-P"能力层级物流管理专业实践教学体系的设计与开发

(1)基础能力实训模块设计与开发。基础能力模块通过课堂教学、实(试)验与基础能力实训完成,主要培养物流管理专业学生的表达沟通能力、调查研究能力、团队合作能力、环境适应能力、职业道德自我培养能力等。青岛科技大学物流管理专业实践教学体系已开发多个模块,其中基础能力训练层技能模块的内容主要包括 Excel 与管理决策实验、数据库原理及应用综合实验、统计分析软件认知实验、计算机辅助管理实验、信息检索实验、企业系统认知综合实验、信息化办公设备实验、素质拓展训练等。另外,在未来为进一步加强对基本外语能力的培养,开发诸如外语口语交流、英语翻译与写作综合实验等模块。

(2)专业技能实训模块设计与开发。物流管理专业本科生专业技能实训模块主要通过各门专业课的集中实训完成,主要培养学生对专业知识的应用能力。目前青岛科技大学物流管理专业实践教学体系主要借助于国泰安公司开发的各门物流

第9章 基于"B-S-P"能力层级的工商管理类其他专业实践教学体系建设

课程进行实训及综合实训,通过实训学生可以较好地掌握所涉及的问题,其中专业技能实训主要包括基础会计实训、经营模拟、仓储管理实验、生产计划排程、物流运输决策实训等。但是,仅用这些仍然不能解决毕业生能力评价分析中显露的问题,比如经济预测与管理决策能力等,实践教学平台实验内容中没有体现这部分能力。今后,可以在现有国泰安实训平台基础上,增加和开发以企业实际状况为背景的相关模块,如物流综合分析与决策实验、物流项目管理实验系统建设等模块,进一步加强对经济预测与管理决策能力的培养。

(3)解决问题的综合能力实训模块设计与开发。解决问题的综合能力实训模块主要通过学生深入企业实践、进行模拟实验、参加各种大赛等来完成。目前,青岛科技大学物流管理专业实践教学体系已开发多个模块,其中解决问题的综合能力模块主要包括企业经营模拟实验、沙盘模拟、全国物流设计大赛、"挑战杯"创业大赛训练等模块。目前,这些实践教学模块的开发主要集中在决策应变能力、创业能力的提升方面,而对战略思考能力、领导组织能力与创业能力的重视程度有待提高。今后领导组织实训模块可通过情景模拟等形式培养学生的组织能力和领导力,决策应变实训模块则可以设置情景模拟等培养学生的决策能力和随机应变能力,鼓励引导品学兼优的学生参与教师的科研、调研、数据分析等。学生也可以进入相关企业进行综合能力的实训。

附 录

附录1：青岛科技大学工商管理专业毕业生实践能力与就业状况调查问卷

尊敬的学长/学姐：

您好！我们是山东省教改项目"基于'B-S-P'能力层级的工商管理类本科专业实践教学体系建设研究"课题组，希望通过本次调查了解我校工商管理专业学生毕业后的相关工作情况，从而为工商管理专业实践教学体系的建设完善打好基础。本次调查的所有信息仅用于学习和研究，我们会对您提供的资料严格保密。十分感谢您的支持！

一、个人基本资料

姓名：　　　　　　　　　　性别：　　　　　　　　　　生源地：
毕业时间(年月)：　　　　　现居住城市：
有效联系方式：
手机：　　　　　　　　　　QQ：　　　　　　　　　　　E-mail：
目前工作单位名称：
单位地址：
您所在的部门：　　　　　　担任的职务：

二、个人基本情况

1. (单选)您获得目前工作的信息是来自：
   A. 本校校园招聘会　　　B. 外校校园招聘会　　　C. 社会现场招聘会
   D. 网上招聘信息发布　　E. 家人、亲戚及父辈的朋友
   F. 同学及自己的朋友　　G. 猎头公司　　　　　　H. 其他
2. (单选)贵单位的性质：
   A. 政府机关　　　　　　B. 事业单位　　　　　　C. 国有企业
   D. 集体企业　　　　　　E. 私营企业　　　　　　F. 联营企业
   G. "三资"企业

3. （单选）工作单位的行业类型为：
   A. 制造业　　　　　　B. 房地产业　　　　　C. 批发和零售业
   D. 教育　　　　　　　E. 石油化工　　　　　F. 建筑工程
   G. 管理咨询　　　　　H. 住宿、餐饮业
   I. 信息传输、计算机服务和软件业
   J. 金融、保险业　　　K. 交通运输、仓储物流业和邮政业
   L. 其他
4. （单选）您目前的月工资水平：
   A. 1 000～2 000 元　　B. 2 000～3 000 元　　C. 3 000～5 000 元
   D. 5 000～8 000 元　　E. 8 000～10 000 元　　F. 10 000 元以上
5. 根据您的经验，青岛科技大学工商管理专业学生首次入职最适合的职位有哪些？职位变迁信息（如没有，可不填）：
   _____
6. 您的第一份工作做了多长时间？
   _____
7. 您到目前为止换了几份工作？
   _____
8. （多选）同上份工作相比的优势：
   A. 薪酬福利提高　　　　B. 职位高或升职空间大
   C. 专业更对口，学有所用
   D. 新工作的城市生活成本低
   E. 新工作更适合自己　　F. 离家近　　　　　G. 其他
9. （单选）离职相距入职的时间：
   A. 1～6 个月　　　　　B. 7～12 个月　　　　C. 1（以上）～3 年
   D. 3（以上）～5 年　　E. 5 年以上
10. （单选）新工作薪酬福利总体趋势：
    A. 逐渐上升　　　　　B. 基本持平　　　　　C. 有所下降
11. （单选）新工作职位上升空间总体趋势：
    A. 增大　　　　　　　B. 基本不变　　　　　C. 降低

三、实践课程体系的回顾与评价

1. （单选）您对青岛科技大学工商管理专业学生实践能力的培养效果有何评价：
   A. 效果很好，能够满足社会的需要
   B. 效果一般，仅仅培养出一些能力
   C. 效果较差，和社会的需要不衔接
   D. 基本没有效果，需要社会重新培养

2. (单选)您认为青岛科技大学实践性教学环节中哪一项对您的工作最有帮助:
   A. 管理业务实习　　　　B. 管理综合试验　　　　C. 认识实习
   D. 专业课程的上机实验　E. ERP 模拟实验　　　　F. 毕业实习
3. (单选)您认为在校时的实验设施和场地有没有满足实践能力培养的要求?
   A. 完全满足　　　　　　B. 基本能够满足　　　　C. 部分满足
   D. 远远无法满足
4. (单选)您认为学校的实践环节和实践课程时间安排如何?
   A. 实践环节较多,耗时过长
   B. 实践环节合适,时间刚好
   C. 实践环节较少,时间有点少
   D. 实践环节很少,时间太少
5. (单选)您认为本专业的实践环节和实践课程方案设计的合理性如何?
   A. 非常合理　　　　　　B. 比较合理
   C. 一般　　　　　　　　D. 不合理
6. (单选)您对本专业实践课程方案设计的看法:
   A. 实验课程设计系统连贯合理,符合学生的能力发展规律
   B. 实验课程设计内容合理,但系统性不强,需要进一步完善
   C. 实验课程设计流于形式,对学生实践能力的发展没有太大作用
7. (单选)您对本专业的实践课指导教师整体上的看法:
   A. 既懂理论知识又会实践操作
   B. 懂实践操作但理论知识不系统
   C. 懂理论知识但实践操作能力较弱
   D. 理论知识和实践操作都不行
8. 根据您的亲身体验,提出对青岛科技大学工商管理专业实践课程设计的建议:

四、请对自己的实践能力做一个评价

(请根据自己的实际情况在相应的档次中画"√")

1. 基础能力模块

能力构成	能力表现	权重	完全不符合	不太符合	基本符合	比较符合	完全符合
表达沟通能力	能够很好地用语言表达自己的思想，与人沟通无障碍	0.5					
	能够在大众面前自如演讲，能够吸引听众，产生良好的效果	0.3					
	能够很好地应对社会上的招聘面谈，应聘成功率高	0.2					
信息收集能力	能够用互联网进行文献资料的检索查询	0.3					
	能够用电子图书馆的学术期刊数据库查阅学术文献	0.2					
	能够在有关外文网站查阅外文资料	0.1					
	能够对信息进行筛选和处理，整理和编辑信息资料	0.4					
调查研究能力	能够进行调查问卷和量表的设计	0.2					
	能够根据抽样调查和统计原理进行科学的抽样调查	0.2					
	掌握数据统计分析的基本方法，能够用有关软件进行统计数据分析	0.3					
	会进行网络调查和访谈调查	0.05					
	能够根据调查结果进行问题的总结分析	0.2					
	能够撰写形式、内容规范的调研报告	0.05					
公文撰写能力	能够撰写一般性的公务文书，包括请示、报告、指示、批复、通知、通报、决定、函件、会议纪要等	1					

续表

能力构成	能力表现	权重	完全不符合	不太符合	基本符合	比较符合	完全符合
基本外语能力	能够用外语进行日常交流	0.5					
	能翻译一般的外文资料	0.3					
	能撰写基本的外文文书	0.2					
办公软件操作能力	能够熟练地使用电脑，进行电脑软硬件的日常维护	0.2					
	能够熟练使用 Word、PPT、Excel、PDF 等基本办公软件	0.5					
	能够使用 Visio、Project、Photoshop 等专业办公软件	0.3					
团队合作能力	经常以团队的形式完成特定的任务和目标	0.2					
	具有较好的团队合作意识	0.3					
	善于协调团队成员间的关系	0.3					
	能够顺利解决团队合作中出现的矛盾和问题	0.2					
环境适应能力	能够迅速适应新环境，与周围的新同事能够很快熟悉起来	0.3					
	具有较强的心理自我调节能力	0.3					
	具有较好的社交能力和处世能力，具有良好的人际关系	0.4					
知识学习能力	对新事物和新知识常常具有很强的好奇心和兴趣	0.4					
	能够快速高效地学习并掌握工作需要的新知识	0.4					
	能够轻松顺利地通过单位组织的考试，以及各种技能性等级考试	0.2					

2. 专业技能模块

能力构成	能力表现	权重	完全不符合	不太符合	基本符合	比较符合	完全符合
人力资源管理能力	掌握人力资源管理的一般流程，能够制定人力资源规划	0.4					
	会进行工作分析，制作工作岗位说明书	0.3					
	能够进行常用的薪酬体系和绩效管理体系的设计	0.3					
财务报表编制审阅能力	能够进行财务报表阅读和分析	0.4					
	会编制主要的公司财务报表	0.2					
	掌握关键财务指标的计算分析方法	0.4					
市场营销能力	会进行市场调研	0.3					
	能够进行市场分析与趋势预测	0.2					
	能够针对具体产品制定营销策略	0.1					
	掌握电子商务和网络营销的基本技能	0.1					
	能够撰写营销策划方案	0.1					
	掌握常用的推销技巧和策略	0.2					
商务谈判能力	熟悉常见的商务术语和商务礼节	0.3					
	掌握商务谈判的一般技巧	0.4					
	能够起草商务合同	0.3					
项目策划与投资分析能力	能够针对具体项目，撰写项目可行性研究报告、项目评价报告	0.5					
	会撰写项目策划书	0.3					
	能够编制项目实施的进度、资源、费用计划等	0.2					
商务英语能力	掌握一定的商务英语专用词汇	0.2					
	能够进行基本的商务英语听说	0.5					
	能够处理日常外贸商务函电	0.3					

续表

能力构成	能力表现	权重	完全不符合	不太符合	基本符合	比较符合	完全符合
经济分析与预测能力	能够熟练运用 SPSS 等统计分析软件工具，进行经济数据的回归分析预测和时间序列预测等	1					
生产运作规划能力	能够进行企业生产选址优化	0.5					
	会进行生产计划与排程	0.2					
	能够进行生产系统的优化设计	0.3					
组织与流程设计能力	能够根据组织的性质设计组织架构，绘制组织结构图	0.5					
	能够设计各种职能部门的工作流程，绘制工作流程图	0.3					
	能够对工作流程进行分析与优化	0.2					
战略规划分析能力	能够针对具体企业，熟练使用PEST、五力模型、SWOT、波士顿矩阵等工具和方法进行战略分析	0.5					
	能够在调查研究和战略分析的基础上，为一个具体企业制定详细的战略规划	0.5					
国际贸易和证券投资实务操作能力	能够熟练进行国际贸易业务的各种实际操作	0.6					
	掌握证券投资主要技术指标计算和分析方法	0.4					
管理信息系统操作与开发能力	能设计数据库，进行数据统计和报表制作，熟练掌握程序设计并能解决实际管理问题	0.2					
	能够开发简单的数据库应用系统	0.1					
	能够熟练操作使用公司的管理信息系统	0.3					
	能够设计 ERP 各子系统流程	0.1					
	掌握开发、维护 MIS 的基本技能	0.3					

3. 综合能力模块

能力构成	能力表现	权重	完全不符合	不太符合	基本符合	比较符合	完全符合
创业能力	具有较强的成功愿望和获得权力的愿望，自主性强	0.1					
	具有敏锐的市场洞察力、创造力和适应能力	0.2					
	自信，具有强烈的社交意识，愿意寻求与他人合作，责任意识强，敢于担当	0.2					
	具有很强的忍耐力、心理承受能力和承担风险的能力	0.2					
	自己正在或曾经创业	0.3					
创新能力	具有勇于冒险开拓、进取的创新意识	0.3					
	常常能够产生创新思维和火花	0.5					
	获得过创新方面的成果奖励	0.2					
战略思考能力	与他人相比，更具备前瞻性战略眼光	0.3					
	与其他人相比，能够更加系统全面地从全局考虑问题	0.4					
	与其他人相比，做事更有谋略和智慧	0.3					
领导组织能力	在群体中具有较高的个人威信	0.1					
	具有较强的控制力和影响力	0.1					
	善于激励、指挥、组织他人实现目标	0.3					
	能够积极获取、平衡、利用各种资源	0.2					
	善于解决组织冲突、处理人际关系	0.3					
决策应变能力	能够正确理解工作中遇见的问题，做出有效的判断和决策	0.3					
	对事物的发展有预见性，善于把握机遇	0.4					
	面对突发事件和情况能够沉着冷静，快速反应解决问题	0.3					

谢谢您的合作！

附录2：工商管理专业人才需求状况调查问卷

尊敬的领导：

  您好！我们是山东省教改项目"基于'B-S-P'能力层级的工商管理类本科专业实践教学体系建设研究"课题组，希望通过本次调查了解工商管理专业学生毕业后的相关工作情况，从而为工商管理专业实践教学体系的建设完善打好基础。本次调查的所有信息仅用于学习和研究，我们会对您提供的资料严格保密。十分感谢您的支持！

一、企业基本资料

贵单位名称：
您所在的部门：　　　　　　　担任的职务：

二、企业基本情况

1. （单选）贵单位的所有制形式为：
   - A. 国有
   - B. 集体
   - C. 私营
   - D. 联营
   - E. 三资
   - F. 其他
2. （单选）贵单位的类型为：
   - A. 制造业
   - B. 房地产业
   - C. 批发和零售业
   - D. 教育
   - E. 石油化工
   - F. 建筑工程
   - G. 管理咨询
   - H. 住宿、餐饮业
   - I. 信息传输、计算机服务和软件业
   - J. 金融、保险业
   - K. 交通运输、仓储物流业和邮政业
   - L. 其他
3. （单选）贵单位是否是上市公司？
   - A. 是
   - B. 不是
4. （单选）企业规模：
   - A. 500人以下
   - B. 500~3 000人
   - C. 3 000人以上
5. （单选）企业成立年限：
   - A. 1~10年
   - B. 10~30年
   - C. 30~50年
   - D. 50年及以上

三、企业对工商管理人才的需求情况

1. （单选）贵单位近两年有无招用工商管理专业本科毕业生的计划？
   - A. 有
   - B. 无

2. (选择最可能的三项)贵单位招聘工商管理专业本科人才倾向性岗位为:
   A. 经理助理   B. 行政助理   C. 销售助理
   D. 办公室文员   E. 会计助理   F. 项目经理助理
   G. 经理秘书   H. 销售专员   I. 人力专员
   J. 车间管理人员   K. 其他

3. (单选)您认为在大学中开设工商管理专业实践教学课程是否有必要?
   A. 非常有必要,开设有助于人才培养,企业从中受益
   B. 有必要,开设有助于提升人才素质
   C. 无所谓,企业会对人才进行培养
   D. 没有必要,开设了没有实际效果

4. (单选)从目前情形来看,您对工商管理专业学生实践能力的培养效果有何评价?
   A. 效果很好,员工实践能力很强
   B. 效果一般,有一些能力有待培养
   C. 效果较差,和企业的需要不衔接
   D. 基本没有效果,企业需要重新培养

5. (请选择您认为最重要的三项)从工作性质考虑,您认为工商管理专业本科毕业生应具备以下哪些基础能力?
   A. 表达沟通能力   B. 信息收集能力   C. 调查研究能力
   D. 公文写作能力   E. 基本外语能力   F. 办公软件操作能力
   G. 团队合作能力   H. 环境适应能力   I. 知识学习能力
   J. 独立工作能力   K. 其他

6. (请选择您认为最重要的三项)从工作性质考虑,您认为工商管理专业本科毕业生应具备以下哪些专业技能?
   A. 人力资源管理能力   B. 财务报表编制审阅能力
   C. 营销策划能力   D. 商务谈判能力
   E. 项目策划与投资分析能力   F. 商务英语能力
   G. 经济分析与预测能力   H. 生产运作规划能力   I. 组织与流程设计能力
   J. 战略规划分析能力   K. 国际贸易和证券投资实务操作能力
   L. 管理信息系统操作能力   M. 其他

7. (请选择您认为最重要的两项)从工作性质考虑,您认为工商管理专业本科毕业生应具备以下哪些综合能力?
   A. 创业能力   B. 创新能力   C. 战略思考能力
   D. 领导组织能力   E. 决策应变能力   F. 其他

8. (单选)您认为工商管理本科毕业生一般几年可以做到中层管理者的位置?
   A. 1~3 年   B. 3~5 年

C. 5~10 年   D. 10 年以上

9. (请选择您认为最严重的三项)您认为当前工商管理专业本科毕业生的最大不足是什么？
   A. 理论与实践脱节   B. 适应能力弱，上手慢
   C. 知识面过于狭窄   D. 实际操作能力有待提高
   E. 与客户沟通能力弱   F. 缺乏职业精神
   G. 能力知识宽而不精   H. 吃苦耐劳能力较差
   I. 不愿从基层做起且缺乏主动性
   J. 心浮气躁、要求过高和对自身素质认识不够
   K. 其他：_____

10. (多选)您认为下列哪些证书对工商管理专业的学生比较重要？
    A. 会计从业资格证   B. 国家计算机等级考试证书
    C. 助理人力资源管理师资格证   D. BEC 剑桥商务英语证书
    E. 证券从业资格证   F. 国家司法考试证书
    G. 市场营销资格证   H. 调查分析师资格证
    I. 行政管理师资格证   J. 报关员资格证
    K. 银行从业资格证   L. ISO 9000 质量管理体系内审员
    M. 物流员/物流助理经理证   N. 国际商务单证员
    O. 初级项目经理证书   P. 高级文秘及办公自动化证书
    Q. 其他：_____

11. (单选)贵单位对工商管理专业人才的需求层次：
    A. 高级(能制定策略并推动实施)
    B. 中级(在上级指导下工作并完成任务)
    C. 初级(能进行日常业务操作)
    D. 复合型(兼多学科知识和多种技能)
    E. 其他(请写出)：_____

12. (多选)企业工商管理专业员工招聘主要途径：
    A. 人才市场   B. 猎头公司   C. 校园招聘会
    D. 网络招聘   E. 其他(请写出)：_____

13. 您对工商管理专业本科人才培养有何建议？
_____
_____
_____
_____

四、请对贵单位毕业于工商管理专业的员工能力做一个评价

1. 基础能力模块

能力构成	能力表现	权重	完全不符合	不太符合	基本符合	比较符合	完全符合
表达沟通能力	能够很好地用语言表达自己的思想，与人沟通无障碍	0.5					
	能够在大众面前自如演讲，能够吸引听众，产生良好的效果	0.3					
	能够很好地应对社会上的招聘面谈，应聘成功率高	0.2					
信息收集能力	能够用互联网进行文献资料的检索查询	0.3					
	能够用电子图书馆的学术期刊数据库查阅学术文献	0.2					
	能够在有关外文网站查阅外文资料	0.1					
	能够对信息进行筛选和处理，整理和编辑信息资料	0.4					
		0.2					
		0.3					
		0.05					
公文撰写能力	能够撰写形式、内容规范的调研报告	0.05					
	能够撰写一般性的公务文书，包括请示、报告、指示、批复、通知、通报、决定、函件、会议纪要等	1					

· 171 ·

续表

能力构成	能力表现	权重	完全不符合	不太符合	基本符合	比较符合	完全符合
基本外语能力	能够用外语进行日常交流	0.5					
	能翻译一般的外文资料	0.3					
	能撰写基本的外文文书	0.2					
办公软件操作能力	能够熟练地使用电脑，进行电脑软硬件的日常维护	0.2					
	能够熟练使用Word、PPT、Excel、PDF等基本办公软件	0.5					
	能够使用Visio、Project、Photoshop等专业办公软件	0.3					
团队合作能力	经常以团队的形式完成特定的任务和目标	0.2					
	具有较好的团队合作意识	0.3					
	善于协调团队成员间的关系	0.3					
	能够顺利解决团队合作中出现的矛盾和问题	0.2					
环境适应能力	能够迅速适应新环境，与周围的新同事能够很快熟悉起来	0.3					
	具有较强的心理自我调节能力	0.3					
	具有较好的社交能力和处世能力，具有良好的人际关系	0.4					
知识学习能力	对新事物和新知识常常具有很强的好奇心和兴趣	0.4					
	能够快速高效地学习并掌握工作需要的新知识	0.4					
	能够轻松顺利地通过单位组织的考试，以及各种技能性等级考试	0.2					

2. 专业技能模块

能力构成	能力表现	权重	完全不符合	不太符合	基本符合	比较符合	完全符合
人力资源管理能力	掌握人力资源管理的一般流程，能够制定人力资源规划	0.4					
	会进行工作分析，制作工作岗位说明书	0.3					
	能够进行常用的薪酬体系和绩效管理体系的设计	0.3					
财务报表编制审阅能力	能够进行财务报表阅读和分析	0.4					
	会编制主要的公司财务报表	0.2					
	掌握关键财务指标的计算分析方法	0.4					
市场营销能力	会进行市场调研	0.3					
	能够进行市场分析与趋势预测	0.2					
	能够针对具体产品制定营销策略	0.1					
	掌握电子商务和网络营销的基本技能	0.1					
	能够撰写营销策划方案	0.1					
	掌握常用的推销技巧和策略	0.2					
商务谈判能力	熟悉常见的商务术语和商务礼节	0.3					
	掌握商务谈判的一般技巧	0.4					
	能够起草商务合同	0.3					
项目策划与投资分析能力	能够针对具体项目，撰写项目可行性研究报告、项目评价报告	0.5					
	会撰写项目策划书	0.3					
	能够编制项目实施的进度、资源、费用计划等	0.2					
商务英语能力	掌握一定的商务英语专用词汇	0.2					
	能够进行基本的商务英语听说	0.5					
	能够处理日常外贸商务函电	0.3					

续表

能力构成	能力表现	权重	完全不符合	不太符合	基本符合	比较符合	完全符合
经济分析与预测能力	能够熟练运用SPSS等统计分析软件工具，进行回归分析预测和时间序列预测等	1					
生产运作规划能力	能够进行企业生产选址优化	0.5					
	会进行生产计划与排程	0.2					
	能够进行生产系统的优化设计	0.3					
组织与流程设计能力	能够根据组织的性质设计组织架构，绘制组织结构图	0.5					
	能够设计各种职能部门的工作流程，绘制工作流程图	0.3					
	能够对工作流程进行分析与优化	0.2					
战略规划分析能力	能够针对具体企业，熟练使用PEST、五力模型、SWOT、波士顿矩阵等工具和方法进行战略分析	0.5					
	能够在调查研究和战略分析的基础上，为一个具体企业制定详细的战略规划	0.5					
国际贸易和证券投资实务操作能力	能够熟练进行国际贸易业务的各种实际操作	0.6					
	掌握证券投资主要技术指标计算和分析方法	0.4					
管理信息系统操作与开发能力	能设计数据库，进行数据统计和报表制作，熟练掌握程序设计并能解决实际管理问题	0.2					
	能够开发简单的数据库应用系统	0.1					
	能够熟练操作使用管理信息系统	0.3					
	能够设计ERP各子系统流程	0.1					
	掌握开发、维护MIS的基本技能	0.3					

3. 综合能力模块

能力构成	能力表现	权重	完全不符合	不太符合	基本符合	比较符合	完全符合
创业能力	具有较强的成功愿望和获得权力的愿望，自主性强	0.1					
	具有敏锐的市场洞察力、创造力和适应能力	0.2					
	自信，具有强烈的社交意识，愿意寻求与他人合作，责任意识强，敢于担当	0.2					
	具有很强的忍耐力、心理承受能力和承担风险的能力	0.2					
	有机会会开始自己创业	0.3					
创新能力	具有勇于冒险、开拓进取的创新意识	0.3					
	常常能够产生创新思维和火花	0.5					
	在单位获得过创新方面的成果奖励	0.2					
战略思考能力	与其他人相比，更具备前瞻性战略眼光	0.3					
	与其他人相比，能够更加系统全面地从全局考虑问题	0.4					
	与其他人相比，做事更有谋略和智慧	0.3					
领导组织能力	在群体中具有较高的个人威信	0.1					
	具有较强的控制力和影响力	0.1					
	善于激励、指挥、组织他人实现目标	0.3					
	能够积极获取、平衡、利用各种资源	0.2					
	善于解决组织冲突，处理人际关系	0.3					
决策应变能力	能够正确理解工作中遇见的问题，做出有效的判断和决策	0.3					
	对事物发展有预见性，善于把握机遇	0.4					
	面对突发事件和情况能够沉着冷静，快速反应解决问题	0.3					

谢谢您的合作！

附录3：工商管理专业应届毕业生实践能力培养问卷调查

亲爱的同学：

您好！

首先非常感谢您能在忙碌的学习生活之余参与本次调查！本次调查的目的是了解青岛科技大学工商管理专业毕业生实践能力培养的情况，以便今后进一步完善和改革工商管理专业实践教学体系。各位同学是否也想对自己的各项能力有一个深入了解呢？

该问卷需要占用您7～10分钟的时间。您对该问卷做出的回答将直接影响本次调查的有效性，具有非常大的价值，希望您能为经管学院工商管理专业实践教学体系的建设提出宝贵的意见。再次感谢您的支持和帮助！

一、基本情况（以下均为单选）

1. 您认为工商管理专业的实践教学环节和课程设置（指认识实习、业务实习、毕业实习、综合实验等）重要程度如何？（　　）
   A. 非常重要　　　B. 比较重要　　　C. 不太重要　　　D. 可有可无
2. 您认为目前本专业的实验设施和场地能否满足实践能力培养的要求？（　　）
   A. 完全满足　　　B. 基本能够满足　　C. 部分满足　　　D. 远远无法满足
3. 您认为学校的实践环节和实践课程时间安排如何？（　　）
   A. 时间过长　　　B. 时间刚好　　　C. 时间有点少　　D. 时间太少
4. 您认为本专业的实践环节和实践课程方案设计的合理性如何？（　　）
   A. 非常合理　　　B. 比较合理　　　C. 一般　　　　　D. 不合理
5. 您认为本专业的实践教学内容能否适应社会需求？（　　）
   A. 丰富先进，比较超前　　　　B. 内容充实，能够适应
   C. 基本能适应，有改进空间　　D. 单一陈旧，完全无法适应
6. 您认为本专业的实践课指导教师整体上属于哪种类型？（　　）
   A. 既懂理论知识又会实践操作　　B. 懂实践操作不太懂理论知识
   C. 懂理论知识不会实践操作　　　D. 理论知识和实践操作都不行
7. 您认为本专业的实践教学形式如何？（　　）
   A. 丰富多彩　　　B. 比较丰富　　　C. 一般　　　　　D. 单调乏味
8. 您认为本专业实践教学授课模式如何？（　　）
   A. 教师讲授整个实验过程，学生完全按照教师说的做
   B. 教师讲授基本原理和操作，提出问题后，经学生讨论后完成

C. 教师提出实验目的和要求，学生通过自己探究在教师指导下完成

D. 其他

9. 您认为本专业实践教学资料的完整性如何？（　　）

　　A. 非常完整　　　B. 比较完整　　　C. 一般　　　　D. 不完整

10. 您认为本专业实践教学过程的计划性如何？（　　）

　　A. 非常好　　　　B. 好　　　　　　C. 一般　　　　D. 差

11. 您觉得本专业实践教学过程的规范性如何？（　　）

　　A. 非常好　　　　B. 好　　　　　　C. 一般　　　　D. 差

12. 您对本专业实践教学环节和课程的满意度如何？（　　）

　　A. 非常满意　　　B. 比较满意　　　C. 一般　　　　D. 不满意

二、实践能力培养（请根据自己的实际情况在相应的档次中画"√"）

1. 基础能力模块

	能力表现	权重	完全不符合	不太符合	基本符合	比较符合	完全符合
表达沟通能力	能够很好地用语言表达自己的思想，与人沟通无障碍	0.5					
	能够在大众面前自如演讲，演讲吸引人，产生良好的效果	0.3					
	能够很好地应对社会上的招聘面谈，应聘成功率高	0.2					
信息收集能力	能够用互联网进行文献资料的检索查询	0.3					
	能够用学校电子图书馆的学术期刊数据库查阅学术文献	0.2					
	能够在有关外文网站查阅外文资料	0.1					
	能够对信息进行筛选和处理，整理和编辑信息资料	0.4					

续表

	能力表现	权重	完全不符合	不太符合	基本符合		
调查研究能力	能够根据抽样调查和统计原理进行科学的抽样调查						
	掌握数据统计分析的基本方法，能够用有关软件进行统计数据分析						
	会进行网络调查和访谈调查						
	能够根据调查结果进行问题的总结分析						
	能够撰写形式、内容规范的调研报告	0.05					
公文撰写能力	能够撰写一般性的公务文书，包括请示、报告、指示、批复、通知、通报、决定、函件、会议纪要等	1					
基本外语能力	能够用外语进行日常交流						
办公软件操作能力	能够熟练地使用电脑，进行电脑软硬件的日常维护	0.2					
	能够熟练使用 Word、PPT、Excel、PDF 等基本办公软件	0.5					
	能够使用 Visio、Project、Photoshop 等专业办公软件	0.3					
团队合作能力	在校期间经常以团队的形式完成特定的任务和目标	0.2					
	具有较好的团队合作意识	0.3					
	善于协调团队成员间的关系	0.3					
	能够顺利解决团队合作中出现的矛盾和问题	0.2					

附　录

续表

能力构成	能力表现	权重	完全不符合	不太符合	基本符合	比较符合	完全符合
环境适应能力	能够迅速适应新环境，与周围的新人能够很快熟悉起来	0.3					
	具有较强的心理自我调节能力	0.3					
	具有较好的社交能力和处世能力，具有良好的人际关系	0.4					
知识学习能力	对新事物和新知识常常具有很强的好奇心和兴趣	0.4					
	能够快速高效地学习并掌握课堂内外的新知识	0.4					
	能够轻松顺利地通过各门课程的考试，以及各种技能性等级考试	0.2					

2. 专业技能模块

能力构成	能力表现	权重	完全不符合	不太符合	基本符合	比较符合	完全符合
人力资源管理能力	掌握人力资源管理的一般流程，能够制定人力资源规划	0.4					
	会进行工作分析，制作工作岗位说明书	0.3					
	能够进行常用的薪酬体系和绩效管理体系的设计	0.3					
财务报表编制审阅能力	能够进行财务报表审阅和分析	0.4					
	会编制主要的财务报表	0.2					
	掌握关键财务指标的计算分析	0.4					
市场营销能力	会进行市场调研	0.3					
	能够进行市场分析与趋势预测	0.2					
	能够针对具体产品制定营销策略	0.1					
	掌握电子商务和网络营销的基本技能	0.1					
	能够撰写营销策划方案	0.1					
	掌握常用的推销技巧和策略	0.2					

续表

能力构成	能力表现	宗合				
		0.5				
商务英语能力	掌握一定的商方关n…					
	能够进行基本的商务英语听说					
	能够处理日常外贸商务函电	0.5				
经济分析与预测能力	能够熟练运用SPSS软件工具进行回归分析预测和时间序列预测等	1				
生产运作规划能力	能够进行企业生产选址优化	0.5				
	会进行生产计划与排程	0.2				
	能够进行生产系统的优化设计	0.3				
组织与流程设计能力	能够根据组织的性质设计组织架构，绘制组织结构图	0.5				
	能够设计各种职能部门的工作流程，绘制工作流程图	0.3				
	能够对工作流程进行分析与优化	0.2				
战略规划分析能力	能够针对具体企业，熟练使用PEST、五力模型、SWOT、波士顿矩阵等工具和方法进行战略分析	0.5				
	能够在调查研究和战略分析的基础上，为一个具体企业制定详细的战略规划	0.5				

续表

能力构成	能力表现	权重	完全不符合	不太符合	基本符合	比较符合	完全符合
国际贸易和证券投资实务操作能力	能够熟练进行国际贸易业务的各种实际操作	0.6					
	会证券投资主要技术指标计算和分析	0.4					
管理信息系统操作与开发能力	能设计数据库,进行数据统计和报表制作,熟练掌握程序设计并能解决实际管理问题	0.2					
	能够开发简单的数据库应用系统	0.1					
	能够熟练操作使用管理信息系统	0.3					
	能够设计ERP各子系统流程	0.1					
	掌握开发、维护MIS的基本技能	0.3					

3. 综合能力模块

能力构成	能力表现	权重	完全不符合	不太符合	基本符合	比较符合	完全符合
创业能力	具有较强的成功愿望和获得权力的愿望,自主性强	0.2					
	具有敏锐的市场洞察力、创造力和适应能力	0.3					
	自信,具有强烈的社交意识,愿意寻求与他人合作,责任意识强	0.2					
	具有很强的忍耐力、心理承受能力和承担风险的能力	0.2					
	在校期间开始自己小型创业	0.1					
创新能力	具有勇于冒险开拓进取的创新意识	0.3					
	常常能够产生创新思维和火花	0.5					
	在校期间获得过创新方面的成果奖励	0.2					

续表

能力构成	能力表现	权重	完全不符合	不太符合	基本符合	比较符合	完全符合
战略思考能力	与其他人相比，更具备前瞻性战略眼光	0.3					
	与其他人相比，能够更加系统全面地思考问题	0.4					
	与其他人相比，做事更有谋略和智慧	0.3					
领导组织能力	在群体中具有较高的个人威信	0.1					
	具有较强的控制力和影响力	0.1					
	善于激励、指挥、组织他人实现目标	0.3					
	能够积极获取、平衡、利用各种资源	0.2					
	善于解决组织冲突，处理人际关系	0.3					
决策应变能力	能够正确理解出现的问题，做出有效的判断和决策	0.3					
	对事物的发展规律有预见性，善于把握机遇	0.4					
	面对突发事件和情况能够沉着冷静，快速反应解决问题	0.3					

再次衷心感谢您的鼎力相助，衷心祝愿即将毕业的大家一帆风顺，前程似锦！

附录4：教师调查问卷

尊敬的老师：

您好！我们是工商管理专业调研组，正在做关于工商管理专业优化的相关调研，本次调查的主要目的是了解学生对工商管理专业的认识及要求，您填写的信息对我校工商管理专业的优化具有重要作用，非常感谢您的支持与帮助。

1. （单选）您的教龄是：

　　A. 5年以下　　　　B. 5~10年　　　　C. 10~20年　　　　D. 20年以上

2. (多选)下列专业基础必修课程中您认为比较实用的是：
   A. 管理学原理   B. 市场营销学   C. 人力资源管   D. 西方经济学
   E. 会计学   F. 技术经济学   G. 经济法   H. 统计学
   I. 金融学   J. 税收学   K. 财务管理   L. 战略管理
   M. 组织行为学   N. 管理信息系统   O. 其他_____

3. (至少选五项)下列选修课程中您认为比较实用的是：

物流管理	经济管理基础
审计学	服务企业管理
企业伦理	市场调查方法
管理心理学	管理沟通与商务谈判
ERP原理与应用	计划项目评估
电子商务	管理学与经济学前沿
消费者行为	经济合同运行概论
产业经济学	管理应用文写作
项目管理	Excel与管理决策
创业管理	工商管理案例分析

4. (多选)根据您的经验，您认为哪种教学方法最实用？
   A. 案例教学   B. 沙盘模拟   C. 录像观赏   D. 角色扮演
   E. 提问互动   F. 分组讨论   G. 课堂讲授   H. 其他_____

5. (多选)实践性教学环节哪些方面需要加强？
   A. 市场调查   B. 模拟实验   C. 网络授课   D. 毕业设计
   E. 企业实习   F. 其他_____

6. (多选)专业课考试应该采用以下哪种形式？
   A. 闭卷   B. 开卷   C. 口试   D. 综合设计
   E. 课程设计   F. 论文   G. 其他_____

7. (多选)您认为工商管理专业的学生最有用的证书有：
   A. 英语四、六级证书   B. 在校时文体等活动的获奖证书
   C. 计算机等级证书   D. 各种专业上岗证书
   E. 优秀学生、干部证书   F. 奖学金证书
   G. 其他_____

8. 您认为是否有必要开设专门的课程组织学生备考英语四、六级考试以及求职面试英语？

  A. 是   B. 否

9. 对于企业比较看重的资格证书，您认为是否有必要开设课程组织学生备考？
  A. 是   B. 否

10. 您认为提升口才最好的方式是什么？
  A. 开设演讲课   B. 参加演讲赛、辩论赛
  C. 参加促销、营销类大赛   D. 街头演讲
  E. 旅行时演讲   F. 集体训练演讲
  G. 志愿给小学生授课   H. 其他_____

11. 您认为怎样提高团队合作能力？
  A. 小组学习   B. 经常参加校园社团活动
  C. 经常参加团体比赛   D. 其他_____

12. 您认为什么时候开始实习最好？
  A. 大一   B. 大二   C. 大三   D. 大四
  F. 其他_____

13. 您认为什么样的实习方式最好？
  A. 短时间参观实习   B. 兼职实习
  C. 全职实习   D. 其他_____

14. 您认为实习多长时间最好？
  A. 一到两周   B. 一到两个月   C. 一学期   D. 一学年
  E. 其他_____

15. 您认为怎样培养学生的道德品质？
  A. 加大思修课程的教学力度   B. 定期组织学生参加公益活动
  C. 定期举办相关讲座   D. 开设心理培训课程
  E. 其他_____

16. 如何培养学生的执行能力？
  A. 严格要求   B. 心理教育
  C. 激励机制   D. 其他_____

附录5：校友调查问卷

亲爱的校友：

  您好！我们是工商管理专业调查组，正在做关于工商管理专业相关调研，本次调查的主要目的是了解工商管理专业毕业生目前的工作状况与发展前景，重点了解您工作后的感想，尤其是对母校工商管理专业建设的意见和建议。您填写的信息对母校工商管理专业优化具有重要作用，非常感谢您的支持与帮助。

附　录

1. 您的性别：
   A. 男　　　　　　　B. 女
2. 您的毕业时间是：
3. 您毕业的第一份工作是：
4. 您目前所在单位的类型是：
   A. 国企　　　　　　B. 外企　　　　　　C. 中外合资
   D. 民营企业（1 000 人以上）　　　　　E. 民营企业（1 000 人以下）
   F. 事业单位　　　　G. 公务员　　　　　H. 其他_____
5. 您目前的职位是：
   A. 基层职员　　　　B. 基层管理者　　　C. 中层管理者　　　D. 高层管理者
6. 您目前的薪资是：
   A. 3 000 元以下　　B. 3 000～5 000 元　C. 5 000～7 000 元
   D. 7 000～9 000 元　E. 9 000 元以上
7. 您有过跳槽的经历吗？
   A. 没有　　　　　　B. 1 次　　　　　　C. 2 次　　　　　　D. 3 次
   E. 4 次　　　　　　F. 4 次以上
8. （可以多选）大学期间您认为最重要的能力是：
   A. 创新能力　　　　　　　　　　　　　B. 道德品质高尚
   C. 吃苦耐劳，有奉献精神　　　　　　　D. 自学能力
   E. 形象气质佳　　　F. 执行能力　　　　G. 策划能力　　　　H. 独立工作能力
   I. 领导能力　　　　　　　　　　　　　J. 抗压力与意志力
   K. 领悟与反应能力　　　　　　　　　　L. 其他_____
9. （可以多选）工作后您认为最重要的能力是：
   A. 创新能力　　　　　　　　　　　　　B. 道德品质高尚
   C. 吃苦耐劳，有奉献精神　　　　　　　D. 自学能力
   E. 形象气质佳　　　　　　　　　　　　F. 执行能力
   G. 策划能力　　　　　　　　　　　　　H. 独立工作能力
   I. 领导能力　　　　　　　　　　　　　J. 抗压力与意志力
   K. 领悟与反应能力　　　　　　　　　　L. 其他_____
10. （可以多选）您认为工商管理专业的学生最适合做什么工作？
    A. 一般传统管理类　　　　　　　　　　B. 市场营销类
    C. 财务管理类　　　　　　　　　　　　D. 人力资源管理类
    E. 物流管理类　　　　　　　　　　　　F. 行政管理类
    G. 其他_____
11. （可以多选）出校门后您认为自身最大的不足是：
    A. 缺乏实际解决问题的能力　　　　　　B. 缺乏沟通协调能力

C. 工作态度不端正 　　　　　　D. 专业知识和技能不过硬
E. 职业稳定性差 　　　　　　　F. 目标方向不明确
G. 缺乏工作经验 　　　　　　　H. 其他_____

12. （限选三项）选出三个您认为在工作中最重要的技能：
    A. 复杂任务执行能力 　　　　B. 市场调查与预测能力
    C. 分析能力 　　　　　　　　D. 良好的商品销售和售后服务能力
    E. 行政管理能力 　　　　　　F. 基层生产或服务管理方面的能力
    G. 财务管理方面的能力 　　　H. 人力资源管理能力
    I. 产品质量管理能力 　　　　J. 仓库管理能力
    K. 其他_____

13. 您认为母校工商管理专业对学生知识与能力培养的水平：
    A. 很差 　　　　　　　　　　B. 一般
    C. 中等 　　　　　　　　　　D. 良好
    E. 很好

14. 您认为在校期间工商管理专业教师的教风：
    A. 很差 　　　　　　　　　　B. 一般
    C. 中等 　　　　　　　　　　D. 良好
    E. 很好

15. 根据您工作的需要和感受，您认为母校工商管理专业培养计划：
    A. 很不合理，需要重新设计 　B. 不太合理，需要调整
    C. 比较合理，需要创新 　　　D. 效果很好，保持原状

附录6：学生调查问卷

亲爱的同学：

　　您好！我们是工商管理专业调查组，正在做关于工商管理专业相关调研，本次调查的主要目的是了解学生对工商管理专业的认识及要求，您填写的信息对我校工商管理专业优化具有重要作用，非常感谢您的支持与帮助。

1. 您所在的年级：（在选项上打"√"）
    A. 大一 　　　　　　　　　　B. 大二
    C. 大三 　　　　　　　　　　D. 大四

2. 您的性别：
    A. 女 　　　　　　　　　　　B. 男

3. (多选)下列学科基础、专业基础和专业课中您认为比较重要的是：

学科基础课	选择	专业基础课	选择	专业课	选择
微观经济学		运筹学		生产与运作管理	
宏观经济学		技术经济学		人力资源管理	
管理学原理		组织行为学		管理信息系统	
统计学		数据库管理		市场营销学	
经济法		会计学		财务管理	
				企业战略管理	

4. (多选)下列专业选修课程中您认为比较重要的是：

选修课程	选择	选修课程	选择
企业文化		品牌管理	
国际贸易理论与实务		Excel 与管理决策	
专业英语		物流管理	
项目管理		绩效与薪酬管理	
跨国公司经营与管理		产业经济学	
金融学		商务英语	
创业管理		证券投资学	
税收学		工商管理案例分析	
服务企业管理		项目评价	
经济预测与管理决策		管理思想史	
消费者行为学		企业伦理与社会责任	
电子商务			

5. (多选)实践性教学环节哪些方面需要加强？
   A. 市场调查   B. 模拟实验   C. 第二课堂   D. 毕业设计
   E. 企业实习   F. 其他_____

6. (多选)对于您最不感兴趣的必修课程，您认为应如何改进？
   A. 提高教师的责任心   B. 提升教师的能力
   C. 转变授课方式   D. 增强师生互动
   E. 健全教师考评体系   F. 其他_____

7. 您认为哪类活动对您的专业技能提升最有帮助？（多选）
   A. 市场营销策划 B. 沙盘模拟   C. 会计电算化操作竞赛
   D. 电子商务大赛 E. 案例分析比赛 F. 专业英语演讲

G. 创业策划活动　　H. 论文写作　　　　I. 其他_____

8. (多选)就您参加实习或面试的经验看,您认为自身存在最大的不足是:
   A. 缺乏实际解决问题的能力　　　B. 缺乏沟通协调能力
   C. 工作态度不端正　　　　　　　D. 专业知识不扎实
   E. 职业稳定性差　　　　　　　　F. 目标方向不明确
   G. 缺乏工作经验　　　　　　　　F. 其他_____

9. (多选)您认为上题中的不足如何在教学中得到改进?
   A. 增加实习机会　　　　　　　　B. 多参加校园社团活动
   C. 提高教学质量　　　　　　　　D. 加强自学
   E. 其他_____

10. 您认为提高待人接物能力的有效方式是:
    A. 开设相关的课程(如沟通、礼仪)
    B. 开展实践活动
    C. 开设相关讲座
    D. 其他_____

11. 您认为提升表达能力最好的方式是:
    A. 开设演讲课　　　　　　　　　B. 参加演讲赛、辩论赛
    C. 参加促销、营销类大赛　　　　D. 街头演讲
    E. 集体训练演讲　　　　　　　　F. 志愿给小学生授课
    G. 其他_____

12. 您认为什么样的实习方式最好?
    A. 集体参观　　　　　　　　　　B. 自己找单位兼职
    C. 校内模拟训练　　　　　　　　D. 其他_____

13. 您认为什么时候开始实习最好?
    A. 大一　　　B. 大二　　　C. 大三　　　D. 大四
    E. 其他_____

14. 您认为实习最合适的时间是:
    A. 一到两周　　B. 一到两个月　　C. 一学期　　D. 其他_____

15. 您认为是否有必要开设专门的课程组织学生备考英语四、六级考试?
    A. 是　　　　　　　　　　　　　B. 否

16. 企业需要的资格证书,您认为是否有必要开设专门的课程组织学生备考?
    A. 是　　　　　　　　　　　　　B. 否

17. 请列出几种提高工商管理专业学生职业能力的有效方式:

18. 您认为培养学生良好思想道德品质的有效方式是：
    A. 加大思修课程的教学力度　　　　B. 定期组织学生参加公益活动
    C. 定期举办相关讲座　　　　　　　D. 开设心理培训课程
    E. 其他_____

附录 7：调查企业一览表

单位名称	单位所在省(市区)	单位性质
青岛盛海信息科技有限公司	山东省青岛市	股份制
青岛海信电器股份有限公司北京经营分公司	山东省青岛市	股份制
青岛热电集团	山东省青岛市	股份制
临沂中汽贸易有限公司	山东省临沂市	股份制
利群集团青岛利群商厦有限公司	山东省青岛市	股份制
青岛振华物流有限公司	山东省青岛市	股份制
天津市橡胶工业研究所	天津市南开区	国有企业
中海油天津化工研究设计院	天津市红桥区	国有企业
天津双安塑料有限公司	天津市河西区	国有企业
中石化股份天津分公司	天津市大港区	国有企业
上海工程有限公司	上海市浦东新区	国有企业
双钱载重轮胎分公司	上海市闵行区	国有企业
陕西化建工程有限责任公司	陕西省咸阳市杨凌区	国有企业
陕西延长石油集团橡胶有限公司	陕西省咸阳市秦都区	国有企业
西安飞机国际航空制造股份有限公司	陕西省西安市阎良区	国有企业
山东默锐化学有限公司	山东省潍坊市	其他企业
威海市泓淋电线电缆有限公司	山东省威海市经济技术开发区	其他企业
威高集团有限公司	山东省威海市经济技术开发区	其他企业
净雅食品集团有限公司	山东省威海市环翠区	其他企业
威海化工机械有限公司	山东省威海市环翠区	其他企业

续表

单位名称	单位所在省(市区)	单位性质
威海市力川体育用品有限公司	山东省威海市环翠区	其他企业
山东新北洋信息技术股份有限公司	山东省威海市高技术产业开发区	其他企业
威海华东数控股份有限公司	山东省威海市	其他企业
威海中威橡胶有限公司	山东省威海市	其他企业
山东拓博塑料制品有限公司	山东省滕州市	其他企业
泰安华鲁锻压机床有限公司	山东省泰安市泰山区	其他企业
泰山石膏股份有限公司	山东省泰安市岱岳区	其他企业
泰开电气集团有限公司	山东省泰安市	其他企业
潍坊绿橄榄化工有限责任公司	山东省寿光市	其他企业
山东兄弟科技股份有限公司	山东省寿光市	其他企业
寿光市正信会计咨询服务有限公司	山东省寿光市	其他企业
日照华轩新能源有限公司	山东省日照市	其他企业
日照岚山生化制品有限公司	山东省日照市岚山区	其他企业
现代威亚汽车模具(山东)有限公司	山东省日照市开发区	其他企业
日照沪鸽齿科工业有限公司	山东省日照市东港区	其他企业
山东山工机械有限公司	山东省青州市	其他企业
青岛凯莱斯科技有限公司	山东省青岛市四方区	其他企业
青岛四方环海塑料厂	山东省青岛市四方区	其他企业
青岛德森特化工有限公司	山东省青岛市四方区	其他企业
青岛安装建设股份有限公司	山东省青岛市四方区	其他企业
青岛科高橡塑机械技术装备有限公司	山东省青岛市四方区	其他企业
青岛科高橡塑机械技术装备有限公司	山东省青岛市四方区	其他企业
山东三维石化工程股份有限公司青岛分公司	山东省青岛市市南区	其他企业
青岛德信楼宇环境设备工程有限公司	山东省青岛市市南区	其他企业
青岛澳兰多流体科技有限公司	山东省青岛市市南区	其他企业
青岛宝康生物科技有限公司	山东省青岛市市南区	其他企业

续表

单位名称	单位所在省(市区)	单位性质
山东五维华信化工设备有限公司	山东省东营市东营区	其他企业
山东石大胜华化工股份有限公司	山东省东营市东营区	其他企业
皇明太阳能集团有限公司	山东省德州市经济开发区	其他企业
皇明太阳能股份有限公司	山东省德州市经济开发区	其他企业
山东宇虹颜料有限公司	山东省德州市德城区	其他企业
山东宇泰光电科技有限公司	山东省单县经济开发区	其他企业
山东昌邑四方医药化工有限公司	山东省昌邑市	其他企业
山东潍焦集团有限公司	山东省昌乐县	其他企业
潍坊市巴夫利制漆有限公司	山东省昌乐县	其他企业
青岛正大博文企业服务有限公司	山东省青岛市四方区	其他企业
青岛海尔丰彩精美快印有限公司	山东省青岛市四方区	其他企业
青岛塑料工业公司	山东省青岛市四方区	其他企业
青岛国林实业有限责任公司	山东省青岛市四方区	其他企业
青岛鸣琦电子科技有限公司	山东省青岛市市南区	其他企业
山东元田人力资源管理咨询有限公司	山东省青岛市市南区	其他企业
青岛光明环保技术有限公司	山东省青岛市市南区	其他企业
北京必胜客比萨饼有限公司青岛分公司	山东省青岛市市北区	三资企业
青岛金世博磨具有限公司	山东省青岛市黄岛区	三资企业
青岛松本造船有限公司	山东省青岛市黄岛区	三资企业
青岛海尔开利冷冻设备有限公司	山东省青岛市高科园	三资企业
青岛四方川崎车辆技术有限公司	山东省青岛市高科园	三资企业
青岛宙庆工业设计有限公司	山东省青岛市城阳区	三资企业
大韩航空中国地区服务中心	山东省青岛市	三资企业
青岛中集冷藏箱制造有限公司	山东省胶州市	三资企业
招远金宝电子有限公司	山东省招远市	三资企业
烟台凯实工业有限公司	山东省烟台市芝罘区	三资企业

续表

单位名称	单位所在省(市区)	单位性质
烟台中集来福士海洋工程有限公司	山东省烟台市芝罘区	三资企业
烟台张裕葡萄酿酒股份有限公司	山东省烟台市芝罘区	三资企业
斗山工程机械(山东)有限公司	山东省烟台市牟平区	三资企业
烟台现代冰轮重工有限公司	山东省烟台市开发区	三资企业
烟台东凯玻璃模具有限公司	山东省烟台市福山区	三资企业
烟台荏原空调设备有限公司	山东省烟台市福山区	三资企业
烟台市百艺装饰工程有限公司	山东省烟台市	三资企业
烟台裕鸿印刷包装有限公司	山东省烟台开发区珠江路	三资企业
潍坊柏立化学有限公司	山东省潍坊市经济开发区	三资企业
山东潍坊润丰化工有限公司	山东省潍坊市滨海经济开发区	三资企业
威海三进船业有限公司	山东省威海市经济技术开发区	三资企业
现代威亚汽车发动机(山东)有限公司	山东省日照市开发区	三资企业
威亚汽车发动机(山东)有限公司	山东省日照市开发区	三资企业
青岛东碧机械有限公司	山东省青岛市黄岛区	三资企业
青岛齐耀瓦锡兰菱重麟山船用柴油机有限公司	山东省青岛市黄岛区	三资企业
扶桑帝药(青岛)有限公司	山东省青岛市高科园	三资企业
青岛罗美威奥新材料制造有限公司	山东省青岛市城阳区	三资企业
晶尚(青岛)有限公司	山东省青岛市城阳区	三资企业
阿尔卑斯科技(青岛)有限公司	山东省青岛市市南区	三资企业
青岛高校信息产业有限公司	山东省青岛市市南区	民营企业
青岛华中机电设备有限公司	山东省青岛市	民营企业
深圳发展银行南京路支行	山东省青岛市市南区	股份制
广州鹿山新材料股份有限公司	广东省广州市天河区	股份制
东北助剂化工有限公司	河北省衡水市胜利东路	股份制
青岛万千百货有限公司	山东省青岛市	民营企业
广州市宜捷印刷有限公司	广东省广州市天河区	民营企业

续表

单位名称	单位所在省(市区)	单位性质
中信万通证券有限责任公司	山东省青岛市市南区	民营企业
青岛永旺东泰商业有限公司	山东省青岛市市南区	民营企业
淄博赛博网络科技有限公司	山东省淄博市	民营企业
淄博顺丰投资责任有限公司	山东省淄博市	民营企业
淄博三泵科森仪器有限公司	山东省淄博市	民营企业
预调查71家企业		
青岛威海信息科技有限公司	山东省青岛市	股份制
青岛热电集团	山东省青岛市市南区	股份制
利群集团青岛利群商厦有限公司	山东省青岛市	股份制
青岛振华物流有限公司	山东省青岛市	股份制
青岛四方车辆研究所有限公司	山东省青岛市	股份制
山东莱钢建设有限公司	山东省青岛市崂山区	国有企业
青岛国际经济技术合作(集团)有限公司	山东省青岛市四方区	国有企业
青岛恒诚人力资源服务中心	山东省青岛市市南区	国有企业
中远物流仓储配送有限公司	山东省青岛市市南区	国有企业
中国石化集团青岛石油化工有限责任公司	山东省青岛市李沧区	国有企业
山东省文教体育用品进出口公司	山东省青岛市	国有企业
青岛华氏国风医药有限责任公司	山东省青岛市	国有企业
青岛崂山应用技术研究所	山东省青岛市	国有企业
中国石化集团青岛石油化工有限责任公司	山东省青岛市	国有企业
国际技术智力合作公司青岛办事处	山东省青岛市市南区	国有企业
青岛市青年就业创业服务中心	山东省青岛市市南区	国有企业
中国国际技术智力合作公司青岛办事处	山东省青岛市市北区	国有企业
上海中智国际教育咨询有限公司青岛分公司	山东省青岛市南区	国有企业
青岛万千百货有限公司	山东省青岛市四方区	国有企业
青岛高校信息产业有限公司	山东省青岛市城阳区	国有企业

基于"B-S-P"层级的工商管理类本科专业能力培养路径与实践教学体系研究

续表

单位名称	单位所在省(市区)	单位性质
青岛海之诺网络科技有限公司	山东省青岛市	国有企业
青岛新联康房产咨询有限公司	山东省青岛市	民营企业
青岛阳光百货商业管理有限公司	山东省青岛市市南区	其他企业
青岛金诺会展有限公司	山东省青岛市市南区	
青岛天影视嘉传媒有限公司	山东省青岛市市南区	
青岛三业商贸有限公司	山东省青岛市市南区	
		其他企业
青岛胜创特电子科技有限公司	山东省青岛市市南区	其他企业
青岛来伊份食品有限公司	山东省青岛市市南区	其他企业
青岛市人力资源有限责任公司	山东省青岛市市南区	其他企业
青岛兴邦人才派遣有限公司	山东省青岛市市南区	其他企业
青岛祥博商贸有限公司	山东省青岛市崂山区	其他企业
青岛思远化工有限公司	山东省青岛市崂山区	其他企业
青特集团有限公司	山东省青岛市高新区	其他企业
青岛济丰包装纸业有限公司	山东省青岛市高科园	
青岛天盟信息咨询有限公司	山东省青岛市城阳区	
	山东省青岛市城阳区	
青岛四方环海塑料厂	山东省青岛市城阳区	其他企业
青岛德森特化工有限公司	山东省青岛市城阳区	其他企业
青岛荣置地顾问有限公司	山东省青岛市四方区	其他企业
青岛银邦装饰工程有限公司	山东省青岛市市南区	其他企业
青岛坤垅工贸有限公司	山东省青岛市市南区	其他企业
青岛二十二世纪不动产代理有限公司	山东省青岛市市南区	其他企业
青岛嘉海乐企业管理咨询有限公司	山东省青岛市市南区	其他企业
青岛丰利行国际物流有限公司	山东省青岛市市南区	其他企业

续表

单位名称	单位所在省(市区)	单位性质
青岛高科技工业园雷博电子仪器厂	山东省青岛市市北区	其他企业
青岛三利集团有限公司	山东省青岛市开发区	其他企业
青岛国货汇海丽达购物中心有限公司	山东省青岛市高科园	其他企业
青岛正大博文企业服务有限公司	山东省青岛市城阳区	其他企业
青岛海尔丰彩精美快印有限公司	山东省青岛市城阳区	其他企业
青岛光明环保技术有限公司	山东省青岛市四方区	其他企业
青岛欣陆科技有限公司	山东省青岛市四方区	其他企业
青岛海融达贸易有限公司	山东省青岛市高科园	其他企业
青岛捷能高新技术有限责任公司	山东省青岛市城阳区	其他企业
青岛东海包装产业有限公司	山东省青岛市	其他企业
优创(青岛)数据技术有限公司	山东省青岛市	其他企业
青岛潮游创想文化传媒有限公司	山东省青岛市四方区	其他企业
北京外企人力资源服务青岛有限公司	山东省青岛市市北区	其他企业
青岛诚基投资顾问有限公司	山东省青岛市城阳区	其他企业
新中物业管理(中国)有限公司青岛分公司	山东省青岛市黄岛区	三资企业
新都理光(青岛)有限公司	山东省青岛市城阳区	三资企业
青岛恒佳塑业有限公司	山东省青岛市	三资企业
晶尚(青岛)有限公司	山东省青岛市开发区	三资企业
青岛甫成电子有限公司	山东省青岛市黄岛区	三资企业
济南百事可乐饮料有限公司青岛分公司	山东省青岛市城阳区	三资企业
青岛啤酒股份有限公司	山东省青岛市	三资企业
青岛英派斯健康发展有限公司	山东省青岛市城阳区	三资企业
青岛优创数据技术有限公司	山东省青岛市四方区	三资企业
阿尔卑斯科技(青岛)有限公司	山东省青岛市市北区	三资企业
杭州横滨轮胎有限公司	浙江省杭州市江干区	其他企业

参考文献

References

[1] 陈军,张韵君. 以能力为导向的工商管理专业本科应用型人才培养模式研究[J]. 科技创业月刊,2013(7):34-35.

[2] 宋安玲,王小青. 基于就业能力的工商管理专业人才培养模式研究[J]. 创新与创业教育,2013(4):22-24.

[3] 骆公志. 工商管理专业本科生应用能力培养探析[J]. 煤炭高等教育,2012(3):55-57.

[4] 徐侠,石盛林. 现代企业对工商管理专业职业能力的需求调研[J]. 商场现代化,2009(17):133-135.

[5] 徐永其,吴价宝,姜先华. 应用型本科院校工商管理专业"1+1"人才培养模式实践研究[J]. 淮海工学院学报(社会科学版),2011(6):37-39.

[6] 丁永波,崔宏桥,霍晓艳. 基于创业教育的工商管理专业实践教学体系构建研究[J]. 中国管理信息化,2011(2):74-76.

[7] 褚衍昌. 工商管理专业实践教学体系优化研究[J]. 中国民航大学学报,2012(5):44-46.

[8] 孙玉娟,王金增,田甜. 推进工商管理专业实践教学模式改革[J]. 唐山师范学院学报,2012(1):22-26.

[9] 董治国. 应用型本科工商管理专业实践课程体系建设探讨[J]. 苏州教育学院学报,2011(2):52-53.

[10] 江文奇. 工商管理类本科生创新能力的培养途径[J]. 软件导刊(教育技术),2008(8):62-64.

[11] 张余华. 工商管理类本科专业实践教学体系的构建与实践[J]. 广东外语外贸大学学报,2009(6):31-35.

[12] 钱丽,肖仁桥. 工商管理类专业实践教学体系的构建与实施[J]. 湖北经济学院学报(人文社会科学版),2012(10):125-127.

[13] 吴安平,邢鹤. 工商管理类专业实践教学与考核体系的研究[J]. 长春大学学报,2013(8):21-27.

[14] 褚衍昌. 工商管理专业实践教学体系优化研究[J]. 中国民航大学学报,2012(5):73-74.

[15] 宋安玲,王小青. 基于就业能力的工商管理专业人才培养模式研究[J]. 创新与创业教育,2013(4):22-28.

[16] 张旭辉，王宇．地方性院校工商管理专业教学改革[J]．商场现代化，2006(3)：80-83．

[17] 殷辉，李德才，江玉荣．应用型工商管理类专业实践教学体系的构建与改进——德国应用科技大学模式的借鉴与启示[J]．现代教育科学，2010(11)：63-66．

[18] 费畅．工商管理学科实践教学质量评价研究[J]．现代商贸工业，2013(7)：79-81．

[19] 吴安平，邢鹤．应用型本科创新型人才培养模式的探索与实践[J]．长春大学学报，2011(12)：63-68．

[20] 郎春婷，刘楠．能力本位的工商管理类专业课程建设[J]．中国教育技术装备，2014(24)：143-144．

[21] 刘新艳，吴琨．提升工商管理类学生专业能力的ERP实验教学探讨[J]．中国大学教学，2010(10)：70-72．

[22] 张鸣放．优化集中实践环节教学内容体系和教学过程的研究与实践[J]．长春工程学院学报（社会科学版），2011(12)：131-133．

[23] 黄敬宝．就业能力与大学生就业：人力资本理论的视角[M]．北京：经济管理出版社，2008．

[24] 蔡雪峰，毛红斌．"双师型"教师在应用型本科教育中的作用及培养途径[J]．中国大学教学，2005(6)：55-56．

[25] 冷敏，孙晶言．对工商管理类本科人才培养模式的思考[J]．中国科教创新导刊，2007(6)：12．

[26] 韦秀．工商管理人才新型培养模式研究[J]．现代企业教育，2014(18)：128．

[27] 袁君．论工商管理的人才培养及现状的分析[J]．中国外资，2013(4)：274．

[28] 王冰．企业工商管理的未来发展方向[J]．企业改革与管理，2014(24)：35．

[29] 党彦．工商管理人才测评体系研究[D]．北京：北京交通大学，2007．

[30] 胡付照．浅论我国高校工商管理专业的人才素质与培养[J]．无锡教育学院学报，2003(2)：20-23．

[31] 周萍．从课程体系建设看工商管理人才培养[J]．中国高等教育，2008(1)：52-53．

[32] 闫少铭．知识经济时代工商管理人才素质与培养[J]．长春工程学院学报（社会科学版），2001(1)：51-53．

[33] 钱路平．当前就业压力下高校人才培养问题研究[D]．济南：山东大学，2013．

[34] 董泽芳．高校人才培养模式的概念界定与要素解析[J]．大学教育科学，2012(3)：30-36．

[35] 成中梅．学习型高校的人才培养模式研究[D]．武汉：华中科技大学，2008．

[36] 张炜. 高校人才培养的质量成本研究[D]. 武汉：华中科技大学，2010.

[37] 林伟连，伍醒，许为民. 高校人才培养目标定位"同质化"的反思——兼论独立学院人才培养特色[J]. 中国高教研究，2006(5)：40-42.

[38] 洪燕云，谢忠秋. 应用型本科院校工商管理类专业实践教学体系的构建与实施[J]. 江苏技术师范学院学报，2006(5)：31-36.

[39] 江颖. 高校人才培养模式优化研究[D]. 南昌：江西财经大学，2012.

[40] 包寒蕊. 高校人才培养质量理论与实证研究[D]. 天津：河北工业大学，2005.

[41] 麻艳香，蔡中宏. 论高校人才培养模式的改革及其趋势[J]. 兰州交通大学学报，2009(5)：139-142.

[42] Phillip Brown, Anthony Hesketh, Sara Williams. Employ Ability in a Knowledge-driven Economy[J]. Journal of Education and Work, 2003, 16(2)：107-122.

[43] Bowe. Job Capacities and Personal Attitude[J]. Employment Relations Today, 1998(15)：107-111.

[44] Joreskog K G. A General Approach to Confirmatory Maximum Likelihood Factor Analysis[J]. Psychometrika, 1969(34)：183-202.

[45] Robert Grettra Academic Alien. Portrait of a Working-Class Man's Higher Education Experience[M]. Diabetes Educator, 2004：196-202.

[46] Eileen. Teacher Appraisal: a Lesson on Confusion over Purpose[J]. International Journal of Educational Management, 2004, 18(5)：292-296.

[47] Suzanne Perillo. Practice Enhancement: Optimizing Teaching Performance in Schools[J]. International Journal of Educational Management, 2006, 20(5)：365-375.

[48] Strong J H. Evaluating Teaching Second Education[M]. Thousand Oaks, CA：Corwin Press, 2006：1-23.